U0539979

慈善領導力

NPO之戀，我與8位智者的魔法召喚術

粘曉菁 著

| 推薦序 |

拓展生命的寬度

◎吳俊傑（國立臺灣大學理學院院長）

　　大學的目的，在於讓學生拓展知識學習的深度與廣度、提升思考的能力、建立好的修為人品，於各面向都獲得完整的發展。因此，在各科系的專業必修、選修課程之外，另設置通識課程，開闊學生的視野。臺灣大學所開設的通識課程，旨在涵蓋基本性、主體性、多元性、整合性與貫通性這五大核心精神。這些課程不僅促進了跨學科的互動，更是培養學生多元能力的搖籃。在這樣的教育理念下，我們非常榮幸地邀請到粘曉菁醫師，返回到臺大母校開設「非營利組織經營與管理（NPO之戀）」這門獨具匠心的通識課程。

　　粘醫師及共同參與的授課老師們，巧妙地透過戀愛的比喻，將看似艱澀的管理學知識，循序漸進娓娓道來。這種創新而深入淺出的教學法，並結合實際案例分析與參訪，讓學生不僅易於理解財務、行銷、人力、永續等的規劃與執行，更與非營利組織建立深刻的情感連結，體會真善的理念，進而拓展生命的寬度。同時，此課程也完美詮釋了俗話所說的：戀愛和學業與社團，並列為「大學必修三學分」。

身為臺大通識教育組組長，我誠心推薦這本書。此書集結課程精華，不僅是專業知識的寶庫，更是培養讀者關懷社會、擁有正向態度與價值觀的重要資源。不論您正在人生的任何階段：莘莘學子、社會人士、抑或退休人士，相信都能開卷有益。我們期待這本書能夠激勵更多讀者成為社會的菁英，不僅在學業或專業上取得卓越成就，更在人生道路上展現出願意奉獻與付出的美德。

| 推薦序 |

醫學博士完顏格格和她八個斜槓 NPO，T 型夥伴的英雄之旅

◎吳靜吉
（國立政治大學創造力講座主持人／名譽教授、國立中山大學榮譽講座教授、國立臺北藝術大學特聘講座教授）

　　哈佛大學商學院的知名課程「非營利組織經營與管理課程」和臺大通識中心「非營利組織經營與管理」（NPO之戀），為什麼眉來眼去、情投意合？原來粘曉菁博士是居間的擺渡人。

　　她在這本著作的開頭如此出場自表：是「女真人完顏家族的後裔」，「是粘爸粘媽眼中最珍貴的『完顏格格』」。在臺灣這個社會，擁有臺大醫學碩博士，當然就是社會眼中的格格。為何這樣的格格願意投入NPO？原來她因緣際會師承臺大醫學院名譽教授許金川醫師，而投入肝病防治。《慈善領導力：NPO之戀，我與8位智者的魔法召喚術》這本書，應用有數字和生理依據的戀愛比喻敘說愛戀NPO的情義關係，一路從交友、戀愛到結婚生子。

　　心理學的研究發現，擇偶通常包括情緒和工具兩種動機，「嫁了個鐵飯碗」，「不能選擇父母，但可以選擇岳父母」的說法，是指工具關係。情同意合，親密互愛的關係則是情

緒動機。

這種交友婚姻的動機反應在NPO的工作時，心理學家稱之為利社會動機（prosocial motivation），一種是壓力為基礎（pressure-based），另一種則是愉悅為基礎（pleasure-based）。當企業認為有義務完成或符合要求執行CSR或ESG的社會任務時，就是以壓力為基礎的利社會動機。但不管是組織、CEO或員工，能夠以助人為快樂之本，把自己愉悅的情緒建立在別人的幸福快樂之上，那就是屬於愉悅為基礎的利社會動機。

粘博士「只知不斷精進醫術救人，從未知曉有一日踏入非營利組織的丐幫，……為社會公益而求人募資。這美麗的意外，造就了完顏格格不同的人生價值，在與他人重疊的生命中，默默影響改變了許多人的生命觀而為這世界留下獨特深刻的印記。」

她的起心動念是將美國的「非營利組織經營與管理」本土化。哈佛大學商學院開設的 Strategic Perspectives in Nonprofit Management（SPNM）知名課程，結合了美國麻省理工史隆管理學院之創業發展計畫課程精髓，「期待能將生硬且深刻印象之非營利組織經營與管理，以戀愛過程中的點點滴滴，酸甜苦辣感受，來讓大家一起好好戀一場」，「NPO之戀」運用學生們熟悉的「戀愛」來比擬，學生可以學得更愉悅。

戀愛的對象不只是人，還包括工作上的事業、組織。對學生來說，則是愛上課業。以愉悅為基礎的利社會動機讓她愛上並斜槓NPO，「希望用愛營造美好的社會，人類的健康、幸福、快樂，這變成她的使命」，因而展開了英雄之旅。神話學家Joseph Campbell說：「英雄是那些能夠了解、接受，進而克服自己命運挑戰的人，並且將自己的生命奉獻給比自己更偉大事物的人。」

　　格格就是格格，命好運佳，已經是醫學博士、主治醫師、執行長了，居然還得了獎學金到哈佛大學和麻省理工史隆管理學院吸取新知。能夠有這樣命運的人終於繼續發揮利社會動機，開啟奉獻生命的英雄之旅，一方面將肝基會等NPO透過非營利組織的經營管理實踐好心肝的使命，另方面也將自己愛戀NPO知性感性的體悟與大學生分享，於是在臺大通識中心開授這門課。

　　因研究倡導破壞性創新的哈佛大學已故教授Clayton M. Christensen（1952-2020），研究三千多位CEO後，發現創新的企業家懂得建立並活用以觀念或創意為主的社會網絡。完顏格格說：「創新往往源於一瞬間的靈感，但將其實現卻需團隊合作，……共創佳績」。八位頂尖，一樣斜槓NPO的T型專家學者合作「釋放巨大力量，點亮創新之路」。

　　現在的大學生面對未來挑戰時，都必須培養自己成為T型人物，而這九位T型人物顯然是修這門課、閱讀這本書的

領導典範和成就楷模。

　　本書的每位作者都有自己精深專業，但也都通達許多領域，就以文化藝術相關的來說，九位Ｔ型人物在這本書中列舉的NPO例子，包括各種宗教、醫療、文藝、社會等組織，最有趣的是他們所列舉的文化藝術媒體的例子，包括電視、電影、美術、寓言、童話、文學等。

　　這本書是教科書，是英雄之旅的典範故事，是愛上NPO，形塑Ｔ型專業的參照，是有數據和生理根據的交友戀愛之良伴。

| 推薦序 |

非營利事業功在國家

◎吳豐山（吳尊賢基金會董事長）

　　好心肝基金會執行長粘曉菁博士耐心幫我減重，我心存感恩，同時又敬佩她的學識與善心；如今她要出書，責我寫序，本人當然樂於應命。

　　不論男女老幼，體重太輕或太重，都不是好事。但減重偏方很多，不可誤信。粘博士學有專精，又宅心仁厚，如今搏成國內體脂醫療界權威，允稱實至名歸。

　　最難能可貴的是，粘博士獻身非營利組織，把為國人同胞健康把關列為第一職志。

　　非營利組織（NPO）在臺灣尚屬新生事物。但因同胞普遍善良，深具愛心，所以短短幾十年間，各種樣態的公益慈善團體遍及全國，對社會祥和安樂做出了可觀貢獻。

　　本人由於殊勝因緣，在過去幾十年間，得能參與諸多非營利組織的運營。其中參與最深入的是財團法人吳尊賢文教公益基金會。

　　吳尊賢基金會是慈善企業家吳尊賢先生於一九八一年創立。吳先生十五歲的時候到臺南的布行當學徒，憑著苦幹與

過人的智慧，一步一腳印摶成巨富。滿六十五歲的時候，他決定不再謀利，只謀社會祥和，於是捐出鉅資成立基金會，命本人參與服務。吳創辦人已於一九九九年過世，但吳尊賢基金會長留人間，本人也從未間斷服務，倏忽四十三年飛逝而過。此期間本人同時擔任其他職務，但吳尊賢基金會的工作，始終最讓我感受奉獻的喜悅和生命的充實。

本人與創辦好心肝基金會的許金川教授結緣已久，吳尊賢先生專注社會祥和，許金川教授專注國民健康；就國家建設而言，兩人異曲而同工。

在過去密切的接觸經驗中，本人對許金川董事長、粘曉菁執行長以降的好心肝工作團隊充滿愛心、視病如親的情懷，每每感動莫名。

也因此，本人心甘情願地成為好心肝基金會義工名冊上沒有掛名的熱心義工。我周圍不少好朋友如果問我有什麼好的捐獻對象時，我都請他們把好心肝基金會列為首選。

《慈善領導力：NPO之戀，我與8位智者的魔法召喚術》一書，一共十四章，其中半數是粘博士的智慧，另一半是幾位傑出同道的大作。

統整為一書之後，可以讓各方讀友對非營利組織的價值和運營要領有一個基本了解，對國內外諸多典範也能有所認識。整體而言，對有志獻身公益慈善事業的同胞深具參考價值。

國家建設範疇廣闊,但都不可偏廢。本人願藉這篇短序,對許金川董事長、粘曉菁執行長以及國內外獻身非營利事業的所有高仕,獻上最崇高的敬意。

| 推薦序 |

愛心與意志力的功能

◎徐重仁（統一超商前總經理、全聯實業前總裁）

　　十多年前的一個因緣際會下，牽起了統一超商與肝病防治學術基金會的緣分，結合社會四面八方的愛心力量，2006年首度開啟超商零錢捐──「救救肝苦人」合作計畫，展開全臺各地及偏鄉離島的肝病防治宣導與免費肝炎、肝癌篩檢活動。14年來，已經有超過24萬個肝病家庭因此獲得拯救，看到越來越多的肝苦人能夠及時得到幫助、定期追蹤治療，讓肝病可以被治癒或穩定控制，我的內心既欣慰又感動，每一個肝苦人的笑容都是我們最大的動力，每一次的治療成功都是我們最深的感動，個人有幸在消滅國病的征途中與肝基會一起攜手前行。

　　1994年創立的肝基會，細數30而立之年的基金會發展歷程猶如一部臺灣肝病防治的成功史，肝基會不只致力於肝病篩檢、民眾衛教宣導與研究肝病的治療方法，基金會更將肝病防治的使命、守護全民健康觀念向下扎根，持續地推出多項NPO愛的種苗的培育計畫。例如推動「好心肝好健康小學堂」，教導國小學童建立正確的健康與營養觀念，希望這群

小小尖兵們能夠注重全方位的身心健康，以減少未來疾病問題的發生機率。

肝病防治的種子除了國小學童的未來小小主人翁，肝基會執行長粘曉菁醫師更受邀在全臺最高學府——國立臺灣大學開設「非營利組織經營與管理（NPO之戀）」通識課程，透過理論與實務的結合，將社會慈善事業與NPO實戰經驗以系統化方式教導莘莘學子，讓學生得以全面了解NPO的起源、使命、發展、人力資源、財務規劃、行銷策略、募款方式、領導人角色、永續發展與創新轉型等，課程涵蓋了NPO各個層面，內容豐富完整又多元，課程更安排眾多社會賢達分享人生獨特經營管理與慈善付出的經歷，所引用的例子貼近時事、內容深入淺出淺顯易懂，實為國內本土化「非營利組織經營與管理」的代表課程。

欣聞臺大「非營利組織經營與管理（NPO之戀）」的課程內容今將付梓，粘曉菁執行長與眾授課名講師的用心整理與無私分享，實屬難能可貴，讀者不必到臺大上課，就能拜讀臺灣NPO經營與管理的實務寶典，了解社會慈善力量的發展與使命傳遞、創新轉型與永續經營等精髓，這一切源自於粘曉菁執行長的堅強意志以及社會愛心的強大驅使力促成，這本具有重要意義的著作終能順利問世。

我與基金會結緣極深，今有幸為《慈善領導力：NPO之

戀,我與8位智者的魔法召喚術》一書寫下序言,相信這本著作定能讓大家對NPO的經營管理與社會愛心力量有更多了解,促使更多人願意投入到這個充滿愛與奉獻精神的事業中來,一起跟著基金會的慈善腳步,投入社會公益的行善助人行列。

| 推薦序 |

NPO 經營管理的重要著作

◎陳維昭

(國立臺灣大學前校長、臺大醫學院名譽教授、臺灣醫學發展基金會董事長、臺大校友會文化基金會董事長)

　　隨著社會的發展、環境的變遷、社會議題的多元化，有越來越多公共政策的推動以及社會問題之解決，都有逐漸仰賴所謂第三部門的非營利組織來承擔的趨勢。身處現代社會，每個人都可能在不知不覺中，投身各種不同的非營利組織。既使就學中的年輕學子，依據李吉仁教授的觀察認為：以前學生多追求薪資、升遷以及公司名聲，現代學生則比較在乎工作所帶來的意義感和對社會的影響力；每年均約有一成到一成五的學生，表達自己想要從事一些有社會影響力，能夠解決社會問題的相關工作。如此，非營利組織就是個不錯的選項。

　　但非營利組織數目繁多，類別、領域多樣，難免有品質參差不齊之狀況，偶爾聽聞，有部分學生抱著滿腔熱忱，投入自己認為合適的團體，貢獻社會，卻在燃盡自己熱情之後抱著失望離開，如此將影響年輕人的信心，更不利非營利組織整體之健全發展。

因此，讓年輕學子以及廣大的社會人士能夠對非營利組織之內涵有更清楚的了解與認識，以及更多成功案例的展示，將是吸引人才、資源的投入，促進組織永續發展的不二法門。「肝病防治學術基金會」就是一個相當成功的案例，不僅聞名國內外，也是眾多其他團體觀摩學習的對象。

基金會執行長粘曉菁醫師，結合基金會內重要成員及國內頂尖管理學專家，以肝病防治學術基金會為基礎，在臺大開授「非營利組織經營與管理（NPO之戀）」通識課程，嘉惠年輕學子，難能可貴。如今，更進一步將課程內容整理成書，全書涵蓋非營利組織的使命、願景、發展策略，以及人才吸引、資源籌措乃至不斷自我學習、創新轉型、永續發展等各個面向，至為完整而精闢，是一部近年有關非營利組織經營與管理的重要著作。

全書以NPO之戀串聯各章節，除了增進年輕學子的學習興趣，更提升全書的可讀性。而NPO的核心價值理念，不就是對人、事、物以及社會整體的愛與關懷嗎？當此書即將出版之際，特贅數言，以為序，並予鄭重推薦。

| 推薦序 |

專業,而且充滿人性面的溫暖

◎馮燕(國立臺灣大學社工系名譽教授)

　　非營利組織(NPO)被商業管理大師稱為是政府、市場之外的第三部門,其質與量往往被視為是成熟公民社會中的重要價值指標;他們彰顯了公益事業與社會服務的具體功能,提供大眾民主參與社會發展的管道,通常可以有效地調配社會資源,分配給需要的地方,並協調各方力量合作共成好事。由於NPO具有靈活性和創新性,許多NPO通過不斷的實踐和嘗試,探索出解決社會問題的新模式和方法,故往往成為社會創新和社會實驗工程的場地。

　　經過大半個世紀的全球性發展,各地區的社會經驗顯示,NPO的存在和發展對於建設一個和諧、公正、包容的社會具有重要意義,是社會進步和民主發展的推動力量之一。因此,從上個世紀七十年代相關學術研究蓬勃發展的開始,NPO就是一個跨領域的學程。我自己也是在從事NPO的研究、教學和實務操作中,有幸結識到非常多優秀的跨界人才,我的北一女中小學妹粘曉菁醫師,就是其中的佼佼者。她拿到醫學博士、哈佛企管研究員、行醫、衛教、擔任基金會執行長之餘,還在臺大通識教育中心開設一門「非營利組

織經營與管理（NPO之戀）」的課，難能可貴的是，她更在開課幾年後就決定將課程內容集結成書，推教更廣大的讀者。

在這本書中，作者以醫生的視角，以引人入勝的戀愛譬喻為載體，用愛這個主題貫穿章節，將非營利組織的發展與經營管理知識，巧妙地編織其中。這不僅讓原本可能很乾澀的組織與管理學課程變得生動有趣，更呼應了NPO管理經營的人性面與溫度。此外，作者還分享本身的進修與實戰經驗，增加包括大師講座內容和國際組織的故事，為讀者提供了實用的知識，這種將理論與實踐相結合的方式，不僅使得書籍更具可讀性，也為讀者提供了寶貴的學習機會。

總的來說，這本書不僅是一部關於非營利組織經營管理的參考書，更是一部充滿情感和智慧的啟發之作。作者營造出一個溫暖而生動的學習環境，相信它可以激勵讀者發掘自己的潛能，並以更有創意的方式參與非營利組織的事業。

推薦序

傳遞正能量大愛

◎蔡榮騰（台達集團前副總裁、臺灣上市櫃公司協會前理事長）

我在企業界工作四十年，一直非常關心「科技能源」、「環保永續」及「人才培育」，過去在職場上也經常有機會接觸到國內外非營利組織（NPO）或慈善團體，我深刻感受相比於企業，非營利組織者往往有著更強大的信念與使命感，經營甚且更為艱辛。

借鏡企業經營心法，創造慈善無限可能

疫情之前，在粘曉菁醫師的盛情邀約下，我有幸參與了她精心設計的臺灣大學領導學程「非營利組織經營與管理（NPO之戀）」通識課程。這是一門教導學子們有關非營利組織的經營之道。粘醫師以貼近年輕人的語言，用「戀愛心法」般的課程架構，教授募款策略（愛情與麵包之戰）、行銷策略（情場如戰場）、乃至於財務結構與規劃（談理性與感性），紮紮實實都是企業的經營之道。

醫者仁心，傳遞正能量大愛

粘曉菁醫師自年輕醫師時代便開始投入非營利組織服務

領域,這點我非常地佩服。她不僅將多年實務經驗結合學術理論,以系統化方式傳遞給年輕世代。粘醫師同時廣發英雄帖,邀請社會賢達,集結各領域大師們提供寶貴人的生歷練與智慧,對仍處於職涯茫然、智慧未開階段的年輕朋友們,無疑是學習探索人生方向的一盞明燈。在同學們的期末簡報中,有一回我印象特別深刻,幾位天賦聰穎的同學,在分析農業大數據資料後,開始動手寫腳本,並將之拍攝成微電影,利用他們擅長的資訊平台將影響力複製再擴大,結果讓人十分感動。

善的循環,終將成為社會之福

「這是最好的時代,也是最壞的時代。」我在擔任該學程評審時常想著,我們留給年輕人的是什麼呢?不斷進步的文明、科技、更新穎刺激的娛樂,卻也留給他們全球化的衝突、戰爭、瘟疫。從參與粘醫師的學程開始,我不斷從課堂中見證學生的成長,看著他們從初來乍到的迷惘徬徨,經歷過學習之後對非營利組織充滿熱情與自信。我看見學子們發亮的眼神,除了勇氣,更期待他們能習得足夠的知識與能量去開拓嶄新未來。這個世界沒有完美的工作,參與 NPO 勢必會遇到經營企業相同的問題,但願在這條道路上,永遠不要忘記最初的起心動念,我相信善的循環終將成為社會之福。

目次

推薦序｜拓展生命的寬度　吳俊傑 ——— 002

推薦序｜醫學博士完顏格格和她八個斜槓NPO
　　　　T型夥伴的英雄之旅　吳靜吉 ——— 004

推薦序｜非營利事業功在國家　吳豐山 ——— 008

推薦序｜愛心與意志力的功能　徐重仁 ——— 011

推薦序｜NPO經營管理的重要著作　陳維昭 ——— 014

推薦序｜專業，而且充滿人性面的溫暖　馮燕 ——— 016

推薦序｜傳遞正能量大愛　蔡榮騰 ——— 018

CH1｜愛的本質｜NPO的起源與使命　粘曉菁 ——— 022

CH2｜福爾摩沙之戀｜臺灣NPO發展現況　粘曉菁 ——— 044

CH3｜西方之戀｜NPO發展趨勢（以美國為例）　粘曉菁 ——— 070

CH4｜從專家到關懷者之旅｜NPO的管理藝術　柯承恩 ——— 084

CH5｜愛情中的理性與感性｜NPO財務結構與規劃　李賢源 108

CH6｜真愛難尋｜建立NPO的理念與使命　張舒眉 ——— 122

CH7｜愛情增溫劑｜NPO人力資源管理　陳威仁 ——— 132

CH8	愛的胸懷｜NPO領導角色 **許金川**	148
CH9	愛情與麵包之戰｜NPO募款策略 **粘曉菁**	180
CH10	情場如戰場｜NPO行銷策略 **盧希鵬**	204
CH11	永恆之愛｜NPO永續經營與轉型 **李懋華**	222
CH12	重燃愛苗的力量｜NPO之創新轉型 **粘曉菁**	234
CH13	愛的實證｜實地參訪NPO的震撼力 **粘曉菁**	248
CH14	愛的結晶｜NPO 情投意合，共好共榮 **李靜芳**	254

後記	《慈善領導力》書冊後記	264
誌謝		268

Chapter 1

NPO的起源與使命

愛的本質

放下執念,幸福就來了

上課振筆考試、參加演說比賽,課後拿鋤頭、曬稻米、跳水溝、釣青蛙、灌蟋蟀、撈蝦烤魚,這是我偏鄉童年的點點滴滴。這樣的野孩子,幸得親情的包容與溫暖,成長一路順風順水,直到遇見不可控的愛情,才知世間事並非努力便可達成,經歷人生磨練,學會了如何斷捨離後,才獲得了一紙珍貴的婚約,名叫「自由」。

NPO 之戀領航員

粘曉菁

國立臺灣大學兼任助理教授
肝病防治學術基金會執行長

粘曉菁醫學博士為臺灣大學兼任助理教授、臺大醫院家庭醫學部兼任主治醫師。師承臺大醫學院名譽教授許金川醫師，投入肝病防治十餘年，以NPO理念廣結社會愛心力量，擔任肝病防治學術基金會、全民健康基金會、好心肝基金會執行長。

榮獲美國哈佛大學EMBA非營利組織經營與管理相關獎項進修，並赴美國麻省理工史隆管理學院，完成創業發展計畫之深造。

專長 ｜ 消脂保肝、肝病防治、家庭醫學、公共衛生、肥胖醫學、人工智慧

人生座右銘 ｜ 人若無愛枉為人。

《戀愛座右銘》
愛自己，才有機會及能力去愛別人！　　　粘曉菁

起心動念將「非營利組織經營與管理」本土化，乃緣於修習了一門課程──美國哈佛大學商學院（Harvard Business School）所開設的 Strategic Perspectives in Nonprofit Management（SPNM）知名課程，並結合了美國麻省理工史隆管理學院（MIT Sloan School of Management）創業發展計畫課程的精髓。完成課程後，我期待能引進令人印象深刻的非營利組織經營與管理觀念。由於非營利組織的經營關乎愛與熱情，如同談戀愛會歷經各種階段的考驗，所以在介紹時將輔以戀愛過程中會出現的點點滴滴、酸甜苦辣感受，邀請大家認識非營利組織，一起好好戀一場。

　　非營利組織（Nonprofit Organization, NPO），從字義上來看，是指不以營利為目的的組織或團體。而在醫學上，NPO 是 Nothing Per Os 的縮寫，意指「任何東西都不經過嘴巴」的意思，在進行手術或做腸胃鏡之前，病人會被叮囑必須要空腹，NPO 就是醫療上對「禁食」的小術語。

　　為了增添「非營利組織經營與管理」課程的趣味與創意性，我們結合了戀愛學，對照醫學上 NPO 的定義，稱這門學習為「飢餓之戀」，希望帶給大家不同的視野，激起學習的渴望與熱忱。

　　我們來看看「戀」這個字，心上有個「䜌」。若將聲符「䜌」單獨拆開來看，有亂、理、綿綿不絕的意思，頗切合愛的感覺。當你心裡想著心儀的對象，可能會小鹿亂撞、心亂

如麻,但偶爾又能理出頭緒、耐心應對,墜入愛河的戀人總是無時無刻不想到對方,這大致就是愛的面貌。

當然,戀愛的對象不僅限於人,廣義的愛戀還可能擴及到親情、友情、課業、未來的事業與生涯。包括愛上「非營利組織」,其精神便是用「愛」支持公眾關注的議題或事件,期待能營造更美好的社會。

即時問答｜在尋找到真愛前,請問各位大約談過幾次戀愛?

在小眾的大學生團體中,有一半的人沒談過戀愛,僅有不到 1% 的人回答談過 7～9 次的戀愛。

根據國外一份刊載在《her》[1] 的研究,發現要遇到真愛「THE ONE」之前,男女平均的戀愛次數是 7～8 次,已尋覓到真愛的你,是低於或高於這個平均值呢?

如果沒有達到這個平均值,也不要灰心或驚慌,因為這是外國的一份調查,僅作參考。其實,許多人的戀愛次數跟是否能找到真愛,並沒有絕對關係。

即時問答｜請問各位最在意的擇偶條件或特質是什麼呢?

一百位大學生中,約有半數人的擇偶條件是「善解人意」。

茫茫大海裡,怎麼找尋對象?大家最在意的擇偶條件是什麼呢?如上述問答裡的「善解人意」?還是外型、年齡、有共同興趣或個性風趣幽默呢?

出生的那一刻，就決定了勝負？

「母胎單身」是近年來的熱門詞彙，意指從出生到現在都保持單身的狀態。

交友軟體Omi曾針對上千名的用戶進行問卷調查[2]，分析自認為母胎單身的原因，結果排名第一的是「不擅長聊天」（56.1%），其次分別為「自己不夠主動」（51.5%）、「沒有遇到喜歡的對象」（49.8%）、「擇偶條件太高」（45%）等，也有22%的人是因為「害怕失敗」。

這份調查也發現，「外型」是受訪者最在意的擇偶條件第一名，其次是「善解人意」、「共同興趣」、「幽默風趣」，「年齡」則居第五名。

其實，以這五個擇偶條件來對應各年齡層，似乎也有些道理。曾有幾位已婚閨蜜們聊起擇偶話題，大致認同20歲左右的年輕人較重視「第一眼看得順不順眼」；等到30歲，擇偶條件就逐漸變成「善解人意」；40歲發現「情人彼此間有共同興趣」是最重要的，也許是相處一、二十年，相貌已不是重點；到50歲則體會到當年的「高富帥」、「白富美」不一定是絕對的擇偶條件，「風趣幽默」似乎比什麼都好，能為生活帶

1　her：Science says this is how many dates you have to go on before you find 'The One'　|　https://reurl.cc/70G1vN
2　Cosmopolitan：單身者必看！交友軟體公佈票選：大家最在乎的「擇偶條件」TOP 5！　|　https://reurl.cc/NQ7mL9

來樂趣；到60歲會領悟當年所在乎的年齡差距，似乎也不是問題了。看來，擇偶考量會隨著不同年齡階段而有所轉變，所看重的價值甚至大相逕庭。

「保命」為要

　　戀愛是多數人成長過程中的必修學分，隨著時代變遷，平均戀愛年齡普遍降低。根據一份對大學生的小型調查，將近三分之一受訪者的初戀年齡小於12歲，有一半的人有過約會經驗。即使是不具名回答，仍可能有關鍵的不確定因素難以控制，例如，情人就在一旁盯著你填這份初戀是在幾歲的問卷，許多求生欲很強的人可能因此放棄填入真實的初戀年齡，選擇填上情人想看見的答案。然而，「談戀愛」不等於「會談戀愛」，有鑑於近年約會暴力事件頻傳，現代婦女基金會於2016年發起「奔跑吧！愛情青少年『練愛』工作坊」，致力於推動青少年情感教育。

　　此外，戀愛次數或初戀年齡可能隨著年紀而有所波動。隨著年齡增長，戀愛次數可能逐漸增加，經驗也隨之越來越豐富。所以，戀愛經驗似乎跟皺紋多寡有某種相關性。每一次的戀愛都會為生命留下甘苦記憶，為我們的成長添加不一樣的養分，我們可從中去辨識自己當時迷戀的是什麼？在乎的價值是什麼？

湯姆・克魯斯（Tom Cruise）主演的電影《捍衛戰士》（Top Gun），是許多人熟悉的經典作品，時隔三十六年，於2022年再推出續集《捍衛戰士：獨行俠》（Top Gun：Maverick），我們明顯看到「阿湯哥」隨著年齡增長，臉上出現了象徵智慧的皺紋，但因保養得宜仍深具魅力，在沙灘上與年輕飛行員打排球，也絲毫不遜色。

所有戀愛都跟人一樣需要保養維護，努力經營以回春。不論到了幾歲，「戀」愛之外都還要「練」愛。NPO也是需要經營的，不只對它有愛，還需善用方法來維持運轉，就像湯姆・克魯斯也需要運動健身來維持身材，透過保養持續散發魅力。

NPO做政府還做不到、企業還不想做的事情

「非營利組織」（Nonprofit Organization，NPO）[3]是指：不以營利為目的的組織，其核心目標通常是關注社會公益議題，所涉及的領域則非常廣泛，包含藝術、慈善、教育、政治、公共政策、宗教、學術、環保等非常多元，旨在彌補社會需求與政府供給之間的落差。

NPO存在的目的就是凝聚社會愛心力量，不論大小，都希望能做政府還做不到、企業還不想做的事情，解決或處理

3　維基百科：非營利組織｜https://reurl.cc/OMy83r

社會關心的議題。

NPO 的歷史沿革

NPO 的歷史沿革至少可追溯到 18 世紀後期至 19 世紀中期（1767-1855 年）[4]。NPO 最早萌發時多屬宗教性質，或以秘密組織形式逐漸醞釀而成，主要強調宗教議題、權威命令、秘密性議題等組織任務，例如羅馬天主教、共濟會等。

NPO 最早被記載是在《A New History of Transnational Civil Society》這本書，內容敘述大約在 19 世紀，也就是 1849 年時，NPO 的發展就逐年演變，強調組織的多元性及多領域，著重在多樣化、專業化、特殊化的議題，例如：藝術、教育，還有戰爭時代反奴隸組織也是非營利組織的一環，可見 NPO 發展範疇囊括越來越豐富的社會議題。

紅十字國際委員會

19 世紀中葉，有個知名的非營利組織是 International Committee of the Red Cross（ICRC）[5]，亦即大家所熟知的紅十字國際委員會。其創立的緣由與使命源自於當年的時代背景，因為資源有限，世界各地的人種大都需透過掠奪領土或搶攻資源才能存活下來，也就是為了「保命」而戰。

4　維基百科：Non-governmental organization │ https://reurl.cc/5vAyW6
5　維基百科：紅十字國際委員會 │ https://reurl.cc/4r07zX

當時有一位瑞士商人亨利・杜南（Jean Henri Dunant）眼見這些戰爭一發不可收拾，卻缺乏一個有組織且健全的軍隊護理體系，也沒有安全且受保護的機構來收容並治療戰場上的傷者，因此，他希望組建一個在戰地照顧受傷戰士的國家志願救濟組織，以幫助這些人好好地存活下來。杜南於1863年協同日內瓦知名的四大家族等主要人物，共同創建「日內瓦公共福利協會關於建立中立國際救助組織的五人委員會」，八天後更名簡化為「傷兵救護國際委員會」，之後有越來越多認同此理念的人出錢出力一起來幫忙。

紅十字國際委員會是國際上歷史悠久且亟具聲譽的組織之一，曾榮獲數次諾貝爾和平獎。而創始人亨利・杜南亦於1901年榮獲首屆諾貝爾和平獎。

該會的紅十字之白色臂環標誌也為世人所熟知，有鑑於此，不僅NPO的取名要夠簡潔，讓追隨者能琅琅上口，組織的標誌視覺也很重要，須讓大家一看就能與該組織的使命產生連結。另外，早期非營利組織的創立，多半是為了解決生命生存相關問題，特別是為了食物、土地等資源爭奪所產生的後續戰亂問題，其導致人們顛沛流離而有生命威脅，這在當時亟待解決。

聯合國憲章

Non-governmental organization（NGO）[6]這個詞最早被記載在1945年的聯合國憲章第十章第71條，意為非政府組織，處於非會成員國組織的諮商地位，並逐漸形成所謂的「第三部門」，也就是既非政府，也非企業私人化，屬非公非私性質。

近年來，以「非營利為目的」而成立的概念被廣泛使用，不管用在NGO或NPO上，其共同方向都是為了處理社會上有待解決的議題。

當熱戀驅動一切

在NGO、NPO起始的年代，保命存活為首要，然而卻有一些人既不為己，也不為政府，更不是為企業，而是為了公眾利益籌組非營利、非政府組織，這需要付出多大的熱情？是什麼機制在驅動這股熱戀般的情懷？

知名韓劇《太陽的後裔》講述的是幾位大韓民國軍人與醫師往返於海內外時所發生的愛情故事，飾演男女主角的這對佳偶深受觀眾矚目，兩人在戲外延續了劇中的熱戀，並步入禮堂。當年媒體報導這是一場備受矚目的世紀婚禮，然而，

---

6 維基百科：Non-governmental organization ｜ https://reurl.cc/5vAyW6

婚姻維持不到兩年,熱戀的情愫開始下降,最終走向分手。

自然界有一個數學法則稱作「常態分佈曲線」,例如針對某議題,大家的意見差不多會落在群體裡面的95%,兩邊的極端值——極優、極差,大概各佔2.5%。又如,在現實生活裡,喜歡我們的人跟討厭我們的人,其實是差不多的,所以不用過度在乎別人的想法,因為這就是大自然經驗法則。

而這樣的常態分佈曲線也像極了愛情,從情愫產生,慢慢升溫到達熱戀高峰,部分戀情可能會因種種因素而致情愫降溫,曲線下滑終至平淡。不論真實或虛構的愛情故事,鮮少能逃過這個法則。

戀愛與基因有關?

當戀愛曲線爬升至熱戀高峰時,究竟牽動了哪些因子?現在已有研究顯示,戀愛與基因是有相關的。

研究發現,體味和嗅覺均與擇偶息息相關。多數人有過這樣的經驗,喜歡一個人時可能也會喜歡他身上的味道,例如聞到心儀對象身上的味道,會有墜入情網的感覺,但對另一位就沒有反應,也就是俗稱的不來電。

2016年,知名期刊《Scientific Reports》曾做了一個實驗「Influence of HLA on human partnership and sexual satisfaction」[7]，研究發現每個人在一定範圍內會產生某些味道，也就是荷爾蒙，其在體內會與身體的基因不斷地發生變化。研究顯示，性生活比較圓滿的伴侶，或對另一半滿意度較高者，彼此間的HLA基因的變化差異也較大。

簡單來說，每個人身上會有多把鑰匙，而不同的房間有不同的鎖頭（鎖孔），鑰匙跟鎖頭要對準，才打得開，可稱之為「氣味相投」。味道就如同鑰匙，當身上擁有萬用鑰匙，就可以開啟許多人的心房，這便是所謂的公眾魅力。

有趣的是，根據這個原理，有一家公司專門做愛情基因配對[8]，透過檢測HLA基因，幫助受檢者找尋合適的對象，他們認為雙方的變異性越多，以後在一起長長久久的機會也越大。

戀愛是荷爾蒙在作祟？

戀愛荷爾蒙之一：催產素

第一個在戀愛學上被提及的愛情激素，稱為催產素（Oxytocin）。催產素是一種哺乳動物激素，為腦下垂體所分泌，兩性身上都會有。雌性哺乳動物在分娩過程中會大量釋放催產素以幫助生產，分娩後也可促進乳汁分泌以利哺乳。

---

7 https://www.nature.com/articles/srep32550
8 https://www.dnaromance.com/landing

在醫學上，催產素是非常重要的藥物，1906年由亨利‧哈利特‧戴爾（Henry Hallett Dale）所發現。1953年時，美國化學家文森特‧迪維尼奧（Vincent du Vigneaud）首次以人工合成催產素，解救了當年無數面臨難產、必須催產的婦女，並因此於1955年榮獲諾貝爾化學獎。

後來，陸續有研究探討催產素多寡對行為的影響，同時結合生理學跟社會學的觀察。催產素分泌多不只有助於催產、哺乳，也與愛情行為（戀愛時激素會開始分泌）、舒壓、擁抱荷爾蒙（與戀人或與小孩擁抱時，分泌量會增加）、性生活及性高潮、忠貞行為等有關；催產素分泌少則與自戀、自閉、無法感到同情、反社會等行為相關。

戀愛荷爾蒙之二：多巴胺

多巴胺（Dopamine）[9]是由中腦黑質所分泌，瑞典科學家阿爾維德‧卡爾森（Arvid Carlsson）提出多巴胺是一種位於腦部的神經傳導物質，他確認了多巴胺為腦內信息傳遞者的角色，以及該物質在巴金森氏症中的作用，因此於2000年獲頒諾貝爾醫學獎。

多巴胺是神經傳導物質，分泌多的時候會影響情緒，是快樂激素，會使人上癮、興奮。此外，由於多巴胺的分泌主

---

[9] 維基百科：多巴胺 | https://zh.wikipedia.org/zh-tw/多巴胺

要來自於中腦的黑質細胞，若黑質細胞退化，便可能造成巴金森氏症。腦部少了多巴胺介質，人體的運動系統將會受影響，進而導致病患在單側肢體的活動上遇到困難，甚至出現顫抖及肢體、臉部僵硬等症狀。隨著病情的進展，症狀會從單側活動困難，逐漸演變成雙側，最終持續退化導致失能、失智等情況，且此疾病的病程可能長達二十至二十五年之久，是一種腦部退化性疾病。

戀愛荷爾蒙之三：腎上腺素、正腎上腺素、雄性素

當感官（尤其是視覺、聽覺）受到外界刺激，便會誘發腦部及自律神經等的作用，其中腎上腺會分泌壓力性荷爾蒙。「腎上腺」因位在兩側腎臟上方而得名，是兩個輕薄小巧的錐狀腺體，為不可或缺的內分泌器官。腎上腺分成表面的「皮質」及裡面的「髓質」，髓質會分泌腎上腺素和正腎上腺素，在壓力狀況下分泌出來可刺激交感神經的作用，讓我們能夠面對緊急狀況。

腎上腺素和正腎上腺素有作戰激素及強心劑之稱，會讓心跳率及心臟收縮力增強、心輸出量加大、血壓提升等，供人體應變緊急狀況。此外，還有瞳孔放大的作用，所以，根據愛情學研究，當你看到喜歡的人，受到荷爾蒙的刺激，瞳孔會放大（像角膜變色片，可使眼睛為之一亮），誘發戀愛的感覺。

腎上腺皮質激素具有三種荷爾蒙的功能，包括微量的雄性素、鹽皮素（如醛固酮）以及糖皮素（Cortisol）荷爾蒙。其中，醛固酮是一種可促使血壓上升的荷爾蒙，因此，減少醛固酮作用的藥物已作為降血壓藥物之一。糖皮素的主要功能，是能夠在感受到壓力時提升人體的血糖和血壓，進而提供足夠能量來應對壓力，此外，還具有促進脂肪和蛋白質的代謝，以及抗發炎的效果。

雄性激素則會讓性功能以及性慾提高，女性也有雄性激素，所以兩性都會有上述反應。例如到聲色場所，視覺畫面加上聲音效果，會刺激腦中央的下視丘，開啟交感神經作戰系統，來到腎臟上方的腎上腺素，分泌一些壓力荷爾蒙，包括腎上腺素、正腎上腺素、雄性激素等，而產生快樂、興奮、愉悅的感覺，尤其是熱戀般的情境。

戀愛荷爾蒙之四：血清素

血清素（Serotonin）[10] 普遍被認為對幸福感和快樂感有所貢獻，亦與食慾控制相關。血清素可用以調控我們的情緒、睡眠和學習記憶。如果你覺得心情有點低落、鬱悶，不妨試試看攝取富含血清素的黃色食物，例如香蕉即含有豐富的色胺酸，可在腦部合成血清素，稍可助於睡眠及穩定情緒。

10　維基百科：血清素 / https://reurl.cc/Ze65Dp

此外，戀愛也跟肥胖一樣，受多重因子影響，跟基因、環境、荷爾蒙等都有很大相關。因複雜度高，具豐富話題性及研究價值，是探討生命意義不可或缺的一環。

NPO的使命

被譽為「現代管理學之父」的彼得・杜拉克（Peter F. Drucker）曾詮釋：非營利組織是一種點化人類的媒介，它們的共通性在於「提供社會變遷，造就脫胎換骨的人類」。

維基百科則記載NPO的使命：核心目標通常是支持或處理個人關心或公眾關注的議題或事件，分別擔任起彌補社會需求與政府供給間的落差。

可知，NPO是以公益為出發點，旨在促進社會共好，其關注的範疇如下圖所示。但在利他之前，自己一定要先好好活著，善待自己，活得健康快樂，才有機會和能力去愛別人。

創建NPO七大步驟

根據美國約翰霍普金斯大學的研究，非營利組織具有以下特質：盈餘只用於公益目的事業中、從事的事業必須具備社會期待之公共利益性質、享有政府稅務優惠、行動中立且不受政治影響、成員主要由義工組成、需在主管機關註冊登記為合法的公益財團或社會法人。

企業教我們的是謀略 ｜ NPO教我們的是真愛

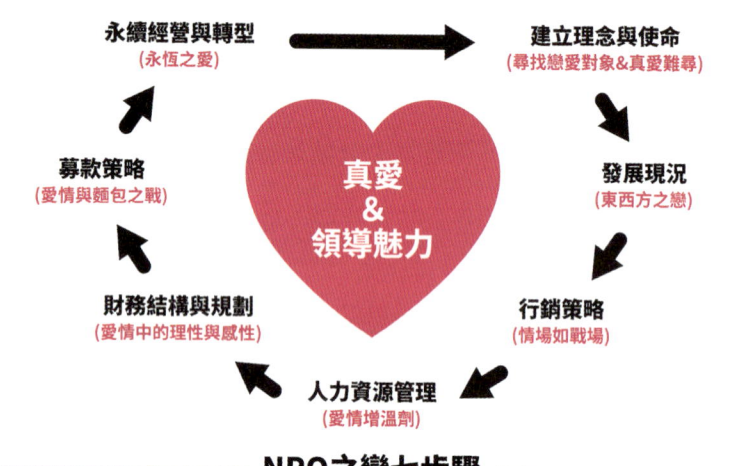

- 永續經營與轉型（永恆之愛）
- 建立理念與使命（尋找戀愛對象&真愛難尋）
- 發展現況（東西方之戀）
- 行銷策略（情場如戰場）
- 人力資源管理（愛情增溫劑）
- 財務結構與規劃（愛情中的理性與感性）
- 募款策略（愛情與麵包之戰）

中心：真愛 & 領導魅力

NPO之戀七步驟

企業管理學通常教我們如何謀略讓企業組織賺錢，而NPO教我們的，則是如何在真愛的領導下有效地為社會愛心建立一個平台，讓慈善有一個明確的出口。因此創建NPO有

七大步驟（如左圖），這些步驟及順序並非一成不變，內容是可交替轉換的，但仍以「真愛與領導魅力」為核心，運轉善的循環。

創建或追隨自己所認同的NPO，通常必須經過以下這些步驟或過程的考驗：首先，需要明確建立此NPO所關注的議題在社會上的重要性，並訂定跟這個議題相關的理念與使命；接著，針對這個NPO的使命，了解國內外相關NPO的發展歷程、現況，以及遇到的困難；第三步，開始建立以此NPO使命為中心的有力行銷策略，以便達到幫助解決社會議題的目標。

當有了行銷策略後，NPO最可貴的價值在於人與人的互動，包括促成組織員工和義工團體的交流，進而相互輔佐以落實可行性計劃。另外，在過程中一定會產生實質所需或虛擬支援的支出，因此NPO財務結構的透明化與如何規劃，將為此NPO埋下日後是否可以順利運轉的重要關鍵，也就是如何產生最大效能及因節流而產生的效益。此外，除了節流，還必須開源，這也是NPO存在的重要價值，因為NPO的存在乃奠基於社會各界的愛心挹注，無論是募集資源、人力或善款等，將都成為NPO是否可以順利運展或擴大服務的關鍵。

最後，NPO也會遇到跟企業一樣的問題——永續經營或

組織轉型,如何保有原來的創立宗旨與使命,又能因應大環境讓NPO永續經營,在在均考驗著NPO的應變智慧。

國際著名NPO案例分享

Aravind Eye Care System

在此分享哈佛大學商學院一個相當知名的教材,也是世界聞名的成功案例。為何一家眼科醫院免費為窮人進行手術,近六成的病人不必付一毛錢,醫院一年卻還能獲利數百萬美元以上?

Aravind Eye Care Center是一家位於印度的非營利眼科醫院,創立於1976年。印度過去曾是世界上失明人口數極高的國家之一,有高達1200萬名的失明者,其中80%的失明是白內障所造成。醫院創始人Venkataswamy博士在退休後,深深感受到印度窮人為失明所苦,希望能為這1200萬失明者帶來重見光明的機會,這便是這家非營利眼科醫院的公益目標。

這個使命非常明確,也有數字,創建人很清楚要做什麼事,想要達成什麼目標。

他是怎麼做到的呢?他先成立一個小規模的眼科中心,一開始只有20床,其中6床是給窮人,不收一毛錢。他將成本控制在英國手術費用的千分之一,平均只要收治一位付費

的病人,就可以再免費為三位窮人進行手術。歷經四、五十年之後,我們看到一個驚人的成效,一個小診所演變成十幾家眼科醫院,員工數千人,獲利高達數億台幣,並以其獨特經營模式「組織流程創新」,成為哈佛商學院及受世界矚目的經營管理個案,也因此榮獲比爾蓋茲基金會全球醫療獎(Bill & Melinda Gates Award for Global Health),以及柯林頓全球行動計劃(Clinton Global Initiative)證書等殊榮。

這家醫院優化了醫療流程及降低成本,仿效連鎖產品生產線的高效率、標準化、高品質模式。執行策略包括:①內部人員訓練:例如將來自農村的女孩訓練成得力助手;②慈善公益眼科篩檢:從免費眼睛檢查至醫師遠距醫療診斷都包含在內;③自產醫材以降低醫療成本。

此案例告訴我們,NPO最重要的就是確立核心使命(真愛),主事者要像傳教士般宣揚使命,邀集一群志同道合的夥伴及社會人脈,匯聚這些人力資源以傳達理念,這便是NPO重要的核心價值。

要達成NPO的使命,必須持續設計優質、有創意、引人注目的活動,讓大眾具體看到NPO的最大效應。

此外,NPO的服務對象不僅要明確,且要數據化,最好的情形是能將10塊錢的善款發揮成10萬塊錢的價值。例如,Aravind Eye Care Center達成1200萬的白內障手術案例,就

是非常明確的善款流向。以數字量化NPO的服務成效，透過數據告訴大眾做了哪些事情，NPO的服務才會更具象化，社會資源及資助者也才會越來越多，最終結合成一個網絡，環繞著NPO的核心使命，成為善的循環（如下圖）。

打造無限善的循環

- 服務對象（數據化）
- 社會資源（網絡結合）
- 使命（真愛）
- 活動（最大效應）
- 成員（價值）

　　使命（真愛）要如何醞釀而成？如前所述，在戀愛的過程當中，有許多機制可驅動熱戀情愫，同樣地，運用在NPO上，也有相關機制促使我們為了使命（真愛）去付出，並從中獲得快樂，如此才會樂於在非營利組織的營運中，持續奉獻我們的青春跟歲月。

NPO 管理小語

NPO 最重要的核心就是建立明確的使命（真愛）！

—— 粘曉菁

NPO 之戀語錄

為什麼會愛上 NPO？

◆ 奉獻自己幫助別人的過程是快樂的，可帶來身心靈的平靜。

◆ 不求回報的付出，讓人找到自我的價值。

◆ NPO 能讓對方變好，也讓自己更好。

Chapter 2

臺灣NPO發展現況

福爾摩沙之戀

格格成為丐幫,純屬意外

姓氏為「粘」者,據史書記載乃屬女真人完顏家族的後裔。循著多數孩子的命運軌跡,生來即為父母的心頭肉、掌上珠,本命為粘爸粘媽眼中最珍貴的「完顏格格」。從醫後白袍加身,只知不斷精進醫術救人,未料有朝一日會加入「丐幫」──非營利組織,為了社會公益而脫下白袍向人募資。這美麗的意外,造就了完顏格格不同的人生價值,在與他人重疊的生命中,默默影響了許多人,為這世界留下獨特深刻的印記。

NPO 之戀領航員

粘曉菁

國立臺灣大學兼任助理教授
肝病防治學術基金會執行長

《戀愛座右銘》
戀愛熱度，需要熱情來努力維持。　　　　粘曉菁

> **Q&A 即時問答** ｜ 請問你希望自己的初婚年齡是幾歲？
>
> 在約百位大學生的問卷調查中，多數希望自己的初婚年齡約在 28~30 歲，其中以 28 歲佔最多數，也有部分學生希望在 25 歲以下或 35 歲以上。

臺灣平均初婚年齡

根據行政院性別平等會[1]的統計（2008~2020 年），臺灣男性平均初婚年齡為 32 歲，女性為 30 歲，這透露什麼訊息呢？我們可以想想，從開始談戀愛到正式步入禮堂，這期間的戀愛熱度需要歷經多久時間？又要如何維繫愛的感覺？

舉例來說，如果在 18 歲時開始有戀愛經驗，至穩定進入婚姻關係，以平均初婚年齡來看，大約都要歷經十多年時間，不論對象是否有變化，這期間如何維持對愛情的熱度，確實有其難度。很多人可能會因為種種因素而不再相信愛情，所以，不妨先好好享受愛情當中曖昧的時刻。這是腦中分泌催產激素跟快樂激素最高的階段，此時可多涉獵與情感、溝通管理、正向能量等相關的人事物，讓這些精神食糧豐富彼此的生活經歷，亦有助於戀愛曲線爬升至熱戀階段的高峰。

---

[1] 行政院性別平等會網站 ｜ https://gec.ey.gov.tw

同樣地,如何自始至終維持對NPO的熱情,跟談戀愛的道理一樣,是成立組織時就需思考的課題。

Taiwan No.1──慈善榜首

根據2020年Centre for Asian Philanthropy and Society（CAPS）的公益指數（Doing Good Index）[2]評估,臺灣以高分位居榜首。

這項評估報告針對2,189家非營利組織和社會企業進行調查,並採訪了18個亞洲經濟體的145位國際專家而收集來的數據,臺灣與新加坡被評為全世界慈善榜首。這項公益指數評估顯示了以下幾個要點:

- 臺灣有33%的社福團體跟政府有合約關係,來自其他經濟體僅佔28%,而有將近半數（49%）屬於政府來源。
- 其實,此評估方式跟真正非營利組織設立的宗旨有點悖離,因為非營利組織存在最大的價值就是要做政府還做不到、企業還不想做的事。
- 個人小額捐款佔臺灣NPO預算的43%,為亞洲最高,這也是讓NPO越來越強大的關鍵。
- 反映了全世界有很多支持NPO存在的力量。

---

[2] Doing Good Index | https://caps.org/our-research/doing-good-index-2020/

劫富濟貧的信念

在金庸經典武俠小說《射鵰英雄傳》中，丐幫是影響力相當大的組織。丐幫的行動並非只是「叫化子」行乞，它具備完整組織並有計畫性的任務，其階層分明，從幫主（洪七公、黃蓉、魯有腳）、副幫主，再來是九袋長老，以及忠誠幹部如八袋舵主（副舵主）至五袋、二袋弟子等。

丐幫創立之初有很明確的宗旨──「劫富濟貧」。以此做為執行任務的信念，其仗義疏財幫助了許多弱勢。NPO雖不是丐幫，卻一樣都抱持著「劫富濟貧」的使命。

在NPO的理念中，「富」通常不是實質的金錢銀兩，而是來自心中的「愛心財富」。根據社會學的觀察，人們對金錢財富與愛心財富的分配並不一定成正比，有富人將財產全部捐入社會公益，幫助他人，不留子孫；反之，也有富人一毛不拔。肝病防治學術基金會曾遇過一個案例，一位路過的清潔人員將資源回收所得50元全數捐給基金會，希望能幫助「肝苦人」，其愛心財富的捐贈，令人相當感動。

臺灣民間團體的力量

1990年代左右，臺灣民間盛行互助會，也就是俗稱的「跟會」、「標會」，由十到二十幾位會員組成，會員每個月繳錢跟會，以賺取較高的利息，或籌措資金以幫助一些急需

用錢的會員或窮困人家,甚至用於造橋鋪路等利他事宜。然而,隨著時代演進,臺灣民間互助會逐漸沒落。

另外,在1950年代二戰後的美援時期,為了解決糧食問題,以物資援助許多國家,包括當時經濟蕭條的臺灣。美方以麵粉袋裝置奶粉、麵粉、食用油等民生物資,多透過教會(尤其是物資匱乏的偏鄉教會)發放給上教堂做禮拜的民眾,因此,當時的宗教還被俗稱為「麵粉教」。

麵粉袋上最常見的是駱駝牌標誌、「中美合作」字樣或是政府的宣導標語。由於麵粉袋是純棉布料,惜物的民眾便將印有中美國旗的麵粉袋改製成不同造型的內衣褲,這在當時的臺灣社會呈現一種特殊景象。

不論互助會或偏鄉教會,都可算是臺灣民間早年的非營利組織團體。近年來,臺灣有更多具國際規模的會員制NPO社團,例如國際扶輪社、國際獅子會等。其共通點為集結各領域人才,請他們有錢出錢、有力出力,提供協助以共同完成公益事項。此外,臺灣也參與國際性人道救援團體,例如中華民國紅十字會、台灣世界展望會等,展現出積極的人道關懷精神。

國際性會員制社團

國際扶輪社 Rotary International

國際扶輪社[3]於1905年在美國芝加哥創辦，組織分布於全球。其創立宗旨非常明確，乃鼓勵成員投入各種社會服務。各地扶輪社的成立皆須向國際扶輪社申請並獲得批准，且須遵循共同的運作準則。原則上各地的扶輪社都是獨立運作，但仍間接受到國際扶輪總會的指導。

扶輪社具有獨特的組織模式，社友皆來自不同職業、背景。其鼓勵社友在不同行業的互動中學習職業道德與倫理，並提供各項社會服務以造福人群。

臺灣最早的扶輪社成立於日治時期（1920年），依循國際扶輪社的宗旨與使命，執行相當多元的社會服務，例如「根除小兒麻痺」就是國際扶輪社最著名的國際服務計畫。

國際獅子會 Lions Clubs International Foundation

國際獅子會[4]於1917年在美國伊利諾州創立，使命是「為獅子會、志願者及合作伙伴賦予力量，以改善健康和福祉，加強社區，並透過影響全球生活的人道主義服務和撥款，支持有需要的人，並鼓勵和平及國際理解」。

---

[3] 國際扶輪社臺灣總會｜https://ritrca.com.tw
[4] 國際獅子會｜https://www.lionsclubs.org

1953年臺灣成立第一個獅子會。其著名的公益活動便是於1990年發起「視力第一」的全球性服務，幫助需受助者恢復視力及預防盲症，此舉獲得全世界的肯定。

國際性人道救援團體

中華民國紅十字會

中華民國紅十字會[5]成立於1933年，長期以來，不遺餘力投入國內及國際賑災，全力實踐紅十字運動所彰顯的博愛、人道、志願服務的精神。當國際間發生重大災難時，總能看到中華民國紅十字會義工迅速動員，投入國際人道救援賑濟。

中華民國紅十字會依照法令、日內瓦公約及國際紅十字會議所決議的各項原則，以發展博愛服務事業為宗旨。依據國際紅十字會議所通過之「國際紅十字與紅新月運動章程」，各國紅十字會在預防疾病、增進健康、減輕人類疾苦等方面會與政府部門共同合作，包括平時各項自然災害的緊急賑濟與救助，以及武裝衝突期間對於武裝受難者的保護與援助。

台灣世界展望會

世界展望會[6]成立於1950年，宗旨為幫助國內外貧童邁

5　中華民國紅十字會｜https://www.redcross.org.tw
6　台灣世界展望會｜https://www.worldvision.org.tw

入自立。1964年，台灣世界展望會成立，接受國外的愛心，深入關懷臺灣貧童；1985年，由國人接手照顧臺灣貧童的需要；1990年之後，臺灣開始愛心援外，足跡擴及全球。

世界展望會的「飢餓三十」人道救援活動，透過名人代言來募款，廣為人知。由於經濟弱勢家庭一旦遭逢變故，兒童的成長環境將更顯艱困，「飢餓三十」便是透過糧食保障、難民援助、天災緊急救援，及對國內特殊狀況、急難、高風險家庭進行關懷等工作，來幫助最脆弱的兒童與家庭。

臺灣NPO法源及社會團體概況

關於臺灣NPO法源分類，大致如下：

臺灣NPO法源分類

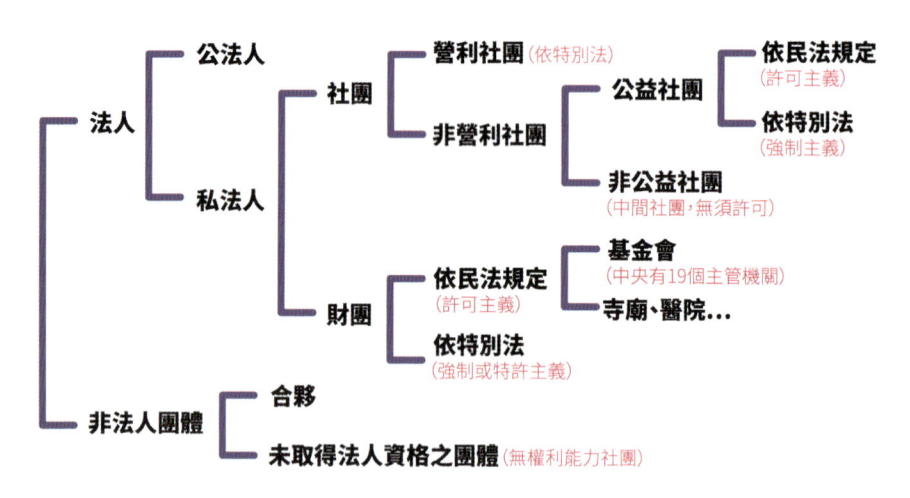

- 法人
  - 公法人
  - 私法人
    - 社團
      - 營利社團（依特別法）
      - 非營利社團
        - 公益社團
          - 依民法規定（許可主義）
          - 依特別法（強制主義）
        - 非公益社團（中間社團，無須許可）
    - 財團
      - 依民法規定（許可主義）
        - 基金會（中央有19個主管機關）
        - 寺廟、醫院…
      - 依特別法（強制或特許主義）
- 非法人團體
  - 合夥
  - 未取得法人資格之團體（無權利能力社團）

資料來源：王澤鑑(1983)，民法總則 P.116

一、法人。又分為「公法人」及「私法人」，私法人再區分為「社團法人」及「財團法人」，社團法人還分為「營利社團」及「非營利社團」。

二、非法人團體。約在1980年代解嚴之後，因有法源登記依據，臺灣NPO社團如雨後春筍紛紛成立。根據內政部統計資料，目前臺灣有約數萬個社團，其中以「社會服務及公益慈善類」最多，其次為「學術文化類」、「經濟業務類」等，呈現多元樣貌。

即時問答　｜　你曾經「捐款」過嗎？

在百位大學生的受訪者裡，約七成同學表示曾經捐款過。

臺灣NPO四大類型

在現今的社會運作中，NPO以各種不同形式存在，致力於解決眾人所關注的社會議題。實務上，目前NPO大致有四大類型，分別是分配捐款型、宗教信仰型、政府捐助型及明確使命型。

（一）分配捐款型NPO

◆ 中華社會福利聯合勸募協會[7]

---

[7] 中華社會福利聯合勸募協會　｜　https://www.unitedway.org.tw

中華社會福利聯合勸募協會成立於西元1992年，宗旨為促進企業、公益組織、政府與社會大眾共同合作，提出有效方案以解決臺灣社會重要的社會福利議題。該協會透過捐贈、倡導與志願服務等多元方式，推動「教育及學習機會、身心健康維護、經濟生活穩定」等方案，以改善社會弱勢者的生活與處境，實踐社會公平與正義。

中華社會福利聯合勸募協會具有極佳的募款計畫能力，小額捐款收入佔90%，其將募得款項分配給符合宗旨的社福團體去執行，全年度勸募使用總支出有85%投入於助人服務。該協會有兩個主要理念，其一，有效監督善款運作；其二，做為專業籌資機構，讓全國中小型社福團體能夠安心進行社會服務。

由於是分配捐款型NPO，財務報表尤須相對強調精準透明化，才能取信於社會及捐款人。

◆ 財團法人感恩社會福利基金會[8]

財團法人感恩社會福利基金會創立於2001年，宗旨為「優先從事扶助政府照顧不足之族群，重視人心淨化及公益活動之提倡」。主要業務包含：辦理清寒獎助學金、捐助公益活動經費、配合政府社會福利與公益推廣，以及品格教育宣導。

---

[8] 財團法人感恩社會福利基金會｜https://www.grateful.org.tw

感恩社會福利基金會原本就有自己的母公司，企業創辦人本著「取之社會，回饋社會」的理念，認為企業的成功除了仰賴領導者努力、員工付出和團隊合作之外，還必須奠基在社會和諧的運作上，因此成立基金會，贊助與社會福利及公益團體有關的單位。首先，這些單位團體須提出申請案，再由基金會人員針對提案進行實地評估，兩者形成夥伴關係。基金會會協助這些單位團體進行橫縱向之連結，期待各社福公益組織可以彼此分享、互惠，以利發展。

感恩社會福利基金會並不對外募款，而是運用母公司企業盈餘提撥款項來執行計畫，其最大任務是選擇符合基金會宗旨的合作對象，以使善款更加精準地發揮，這是此類型基金會的重要使命。

◆ 財團法人林堉璘宏泰教育基金會[9]

基金會創辦人林堉璘先生深信回饋社會是企業家最誠摯的心意，他亦認同「取之於社會，用之於社會」的理念，故於2015年設立了林堉璘宏泰公益信託，2017年開辦「堉璘臺灣奉獻獎」，肯定長期奉獻、影響社會深遠的傑出表現者，透過該獎項以彰顯其「致力解決臺灣社會問題，默默推動臺灣進步」的無私奉獻精神及公益價值，希望這些傑出奉獻者的

9　財團法人林堉璘宏泰教育基金會｜https://reurl.cc/r9M5MO

言行能成為典範，為社會帶來正面向上的力量。

（二）宗教信仰型 NPO

◆ 財團法人中華民國佛教慈濟慈善事業基金會[10]

中華民國佛教慈濟慈善事業基金會是眾所周知、具有世界聲望的宗教信仰型基金會。

證嚴法師於 1966 年在花蓮創立佛教克難慈濟功德會，當時證嚴法師帶著數名弟子每天縫製嬰兒鞋，再加上數名婦女每天省下的買菜錢，這些資源逐日累積，均用來從事慈善濟貧的工作。1980 年「財團法人臺灣省佛教慈濟慈善事業基金會」正式成立，1986 年則創立慈濟醫院，基金會至今已發展四大志業：慈善、醫療、教育及人文，所有志業都以慈善宗教信仰為核心。

慈濟慈善事業基金會秉持著「菩薩所緣，緣苦眾生」的信念，用宗教力量號召信徒一起捐錢做善事，根據 2021 年《慈濟永續報告書》[11]，全球慈濟義工超過 98,000 人。慈濟義工非常有組織性，常見許多災後待援現場，連政府或國際救援單位都尚未抵達，穿著藍白制服的慈濟義工便已站在第一線進行關懷及協助救援。

10　慈濟全球資訊網｜https://www.tzuchi.org.tw
11　2020-2021 年慈濟永續報告書｜https://tzuchi-csr.org.tw/download.php

◆ 財團法人門諾社會福利慈善基金會[12]

財團法人門諾社會福利慈善基金會於1997年成立，該基金會同樣具有宗教信仰，但它的成立並不是基於宗教信仰，而是由具宗教性的門諾醫院利用盈餘所創立。該基金會的使命與醫療有關，尤以花蓮當地人民的醫療需求為要。其結合社工、護理、復健、營養，與特殊教育等專業人員組成團隊，積極投入年長者與身障者的照顧工作，內容包括為失能者提供居家服務、到宅沐浴、長照巴士等，為獨居者提供送餐服務及緊急救援連線，為社區老人提供日托服務，為身心障礙者提供早期療育、復康巴士及設立社區樂活站等。

門諾從醫療服務再延伸出社會福利照顧措施，旨在實現全人身心靈整合照顧的理念。其善款來源除了來自醫療體系外，大部分是因社會人士對此宗教型醫院跟服務內容的認同而捐助。

（三）政府捐助型NPO

◆ 公共電視文化事業基金會[13][14]

公共電視是大家耳熟能詳的電視台，歷經十八年的創建

---

[12] 財團法人門諾社會福利慈善基金會｜https://www.mf.org.tw/
[13] 維基百科：公共電視台｜https://reurl.cc/3XqqrR
[14] 公共電視網站｜https://www.pts.org.tw/

歷程,「財團法人公共電視文化事業基金會」於1998年正式成立,其所經營的公共電視台並於同日開播。

財團法人公共電視文化事業基金會是由政府捐贈12億元而成立。公視後來的經費來源主要來自企業贊助、個人捐贈或其他業務收入等,以避免過於倚賴政府,並增進公視財務獨立性。

除電視台任務外,公共電視的使命還包括製播多元優質節目、促進公民社會發展、深植本國文化內涵,及拓展國際文化交流。

◆ 國家文化藝術基金會[15]

國家文化藝術基金會於1996年由行政院文化建設委員會捐助20億元而成立,以「營造有利文化藝術工作之展演環境、獎勵文化藝術事業、提升藝文水準」為組織宗旨,希望透過分配補助來鼓勵藝術創作,並頒發獎項以支持藝術工作者,使國家文化藝術能更加蓬勃發展。

(四)明確使命型NPO

◆ 財團法人勵馨社會福利事業基金會[16]

15　國家文化藝術基金會 ｜ https://www.ncafroc.org.tw
16　財團法人勵馨社會福利基金會 ｜ https://www.goh.org.tw/tc/index.asp

1986年，一群基督徒創設中途之家「勵馨園」，為臺灣民間機構收容不幸少女的先鋒。到了2001年，正式登記成立「財團法人勵馨社會福利事業基金會」。

勵馨社會福利事業基金會有非常明確的使命：預防及消弭性侵害、性剝削及家庭暴力對婦女與兒少的傷害，並致力於社會改造，創造一個能友善對待婦女及兒少的環境。

基金會依據使命設立階段性的議題，並完成募款及執行，包括：第一階段：中途之家（1988-1992年）；第二階段：反雛妓運動（1992-1995年）；第三階段：少女保護的行動者（1995-2001年）；第四階段：Empower少女與婦女（2001-2008年）及第五階段：終止性／性別暴力，共創性別公義的社會（2008年迄今）。

◆ 財團法人董氏基金會[17]

董氏基金會於1984年由董之英先生、嚴道博士共同創立，以「促進國民身心健康，預防保健重於治療」為宗旨，致力於改善國人身心健康，推動菸害防治、食品營養、心理衛生等相關領域之工作，是全方位促進國民身心健康的衛生志業。

董氏基金會長年推動菸害防治及宣導，於2005年成功加

---

[17] 財團法人董氏基金會 ｜ https://www.jtf.org.tw/

入世界衛生組織（WHO）的「國際菸草控制框架公約聯盟」，並發起促成一百個團體共同成立「臺灣拒菸聯盟」，督促臺灣政府儘速修訂相關法令，以符合國際「菸草控制框架公約」的菸害防制修法。透過有限人力、廣大名人及義工群的投入，董氏基金會戮力執行把臺灣打造成無菸環境的使命。

◆ **財團法人肝病防治學術基金會** [18]

肝病防治學術基金會是獨特的明確使命型NPO，從基金會的名稱就可看出其使命相當清楚。為什麼臺灣要做肝病防治呢？早年，肝癌曾年年蟬聯臺灣癌症死因的第一位，肝病因此有「國病」之稱，而感染B、C型肝炎病毒是導致肝硬化、肝癌的主要兇手。然而，國人缺乏對肝病的正確認知，加上肝臟表面沒有痛覺神經，不少人求診時大多已是症狀嚴重的肝病末期。

《臺灣衛生》雜誌第221期以新生兒施打B型肝炎疫苗為封面

---

18 財團法人肝病防治學術基金會 ｜ https://liver.org.tw

臺灣從1984年起為新生兒施打B型肝炎疫苗，為全世界率先施行新生兒B肝疫苗注射的國家。此舉讓臺灣的B肝帶原率從原本的百分之十幾，降至百分之一以下，大幅減少約一半的6至14歲兒童人口罹患肝癌，並減少七成幼兒的猛爆性肝炎死亡率。而推動此疫苗政策的重要推手之一，就是被譽為「臺灣肝病醫學之父」的宋瑞樓教授。臺灣這項疫苗政策使年輕一代可以免於B肝的威脅，在國際公共衛生史上是相當重要的里程碑。

臺灣肝病醫學之父宋瑞樓教授

　　面對臨床上一再重演的肝病延誤就醫悲劇，臺大醫學院許金川教授與恩師宋瑞樓教授結合社會愛心力量，於1994年成立肝病防治學術基金會，設定明確的宗旨：教育民眾及肝病篩檢，創新醫療及鼓勵研究，以幫助民眾早期發現肝病、

早期獲得醫治。

民眾之所以罹患肝病而不自知，常源於不了解自己是否患有 B、C 肝炎，故肝病防治學術基金會募集社會大眾的愛心善款，走遍臺灣各地，特別為偏鄉弱勢民眾免費做肝病篩檢。基金會成立三十年以來已舉辦超過 850 場活動，約有近七十萬人次的民眾受惠，多次締造金氏世界紀錄，並榮獲「亞太暨臺灣永續行動獎（Asia-Pacific Sustainable Action Award, APSAA）」殊榮，肝基會以「全島一肝，今年超了沒？」獲得 2022 亞太永續行動獎銅獎、臺灣永續行動獎——最佳行動方案銀獎，這也是以民間力量填補政府制度尚無法做到的部分，是 NPO 發揮核心功能的典型代表。

宣導正確醫療知識是肝基會的重要使命之一，做法包括募集社會各界愛心來贊助發行紙本會刊及宣導手冊，及架設「好心肝・好健康」網路健康平台。此外，除了面對面提供專業諮詢，也設立 0800 免費肝病諮詢專線，為民眾解惑，並提供多元類型實體與雲端的健康講座與影片，極力讓肝病知識推廣無死角。

在創新醫療及鼓勵研究方面，則舉辦專業醫事人員訓練研討會，並設立肝病研究優秀論文獎及研究獎助金，鼓勵優秀人士投入肝病研究領域。

肝病防治學術基金會非常有企畫執行力，經常推動許多肝病防治活動，號召社會善心力量共襄盛舉，以使命宗旨為

核心,形成善的循環。例如與7-ELEVEN統一超商合作舉辦「救救肝苦人」活動,啟動偏鄉全方位醫療到點服務;又如長期與扶輪社合作,獲得國際扶輪社支持捐助50萬元美金來幫助臺灣消滅肝病。藉由這些活動凝聚眾多社會愛心資源,共同為肝病防治做努力,亦可使基金會宗旨更為發揚光大。

另外,肝基會自2006年開始舉辦由醫療專業領導的肝癌病友團體活動,以服務肝癌病友與家屬。除了教導病友正確的醫療知識、凝聚病友力量共同推動肝病防治外,更曾組隊帶領換肝病友爬雪山,獲得世界山岳醫學會的表揚,讓全世界知道臺灣醫療照顧如此完善且具備高品質,換肝人不但能被治療成功,還保養得宜,可健康地登上3000公尺以上的高山。近年,肝基會亦針對學童進行深耕教育,舉辦「好心肝好健康小學堂」,希望將健康教育及肝病防治知識向下扎根。一方面帶領孩童了解基金會有如此舒適健康的環境,都是由社會愛心支援、政府單位支持及廣大的各職業義工群奉獻而成。另一方面,孩子從小習得正確的

換肝病友成功登上雪山主峰

醫療保健知識,可擔任家中的健康小尖兵,進而影響家人親友更關注健康。小學堂健康活潑的線上及實體教學內容,榮獲2022年「臺灣行動永續獎」與「亞太區永續行動獎」的雙料銅獎殊榮。

肝病防治學術基金會成立至今三十年,服務對象、服務方式也因應時代變遷和政府政策,不斷做滾動式調整及不同層面的轉型,唯一不變的是基金會持續致力於做「政府還做不到,企業還不想做的事」,以彌補社會資源不足的缺口。

例如,當年政府還做不到的B、C肝抽血檢驗項目,衛福部國民健康署於2020年9月逐步增加成人預防保健服務內容,提供符合條件民眾可接受免費的B、C型肝炎篩檢。有鑑於政府的衛福政策資源已做調整,基金會開始將「消滅國病」的目標逐步轉型,全力積極推動免費腹部超音波檢查,以利及早發現早期肝癌,故於2021年開始推動「今年超了沒?全民免費腹部超音波篩檢」活動,再次凝聚社會大眾的善心捐助,以照顧弱勢的肝苦人。

◆ **財團法人全民健康基金會**[19]

肝病防治學術基金會成立十多年後,許多病友反映有其他器官疾病的醫療需求與疑問,加上近年來臺灣的醫療服務日益商業化,且資訊快速流通,各種錯誤的醫療訊息充斥於社會中,亦缺乏篩選、監督等把關機制,使得相關的醫療訊

息無法獲得有效檢視或驗證。此外，部分國人也缺乏正確的健康醫療觀念，或是缺乏適當管道以獲取正確的醫療知識，導致許多病患接收到不正確的資訊，甚至因此延誤了治療機會，這種情況不但造成個人及社會的損失，同時也對社會經濟、國家整體的競爭力產生重大影響。於是許金川教授號召醫界人士及具有愛心的社會賢達，在 2006 年底成立「全民健康基金會」，以「促進全民健康」為組織目標，致力推廣肝病醫療以外的正確醫療知識，鼓勵醫學研究，重視全身各疾病的健康問題，提供正確的醫療知識及全人全科的醫療研究與服務，希望為廣大病人緩解身體上的苦痛。

◆ 醫療財團法人好心肝基金會[20]

　　秉持母基金會──肝病防治學術基金會之宗旨及醫者精神「我們是因為病人而存在的」，以「愛與關懷」為出發點，希望能將病友朋友化，朋友親人化，因此成立了第一家完全由國人愛心捐助而成的非營利醫療院所──好心肝基金會及相關醫療服務機構，落實了國家醫療轉診政策「輕症在診所，重症再轉至醫學中心治療」，展現臺灣醫療一條龍服務的典範。另外，也提供預防醫學服務，如成立「好心肝健康管理中心」。

　　健康檢查的醫療服務若有盈餘善款，也會全數轉為救治

19　財團法人全民健康基金會　｜　https://www.twhealth.org.tw/
20　醫療財團法人好心肝基金會　｜　https://www.goodliver.org.tw/

肝病病友及推動偏鄉肝病篩檢之用,以落實NPO理念。又如為守護臺灣大學教職員工健康,基金會曾募集慈善的力量,推動愛心健檢專案,為3600多位臺大教職員免費做健康檢查,期望共創健康、互助的校園。

善願有多大,力量有多大

「肝病防治學術基金會」、「全民健康基金會」、「好心肝基金會」這三個基金會要做的事情非常多,義工是維持基金會運作最重要的動力,需貢獻智慧、財力、時間,才能夠造就NPO的永恆發展,這是一個很大的慈善力量。

藉由這股慈善力量所達致的NPO成效,使基金會受到政

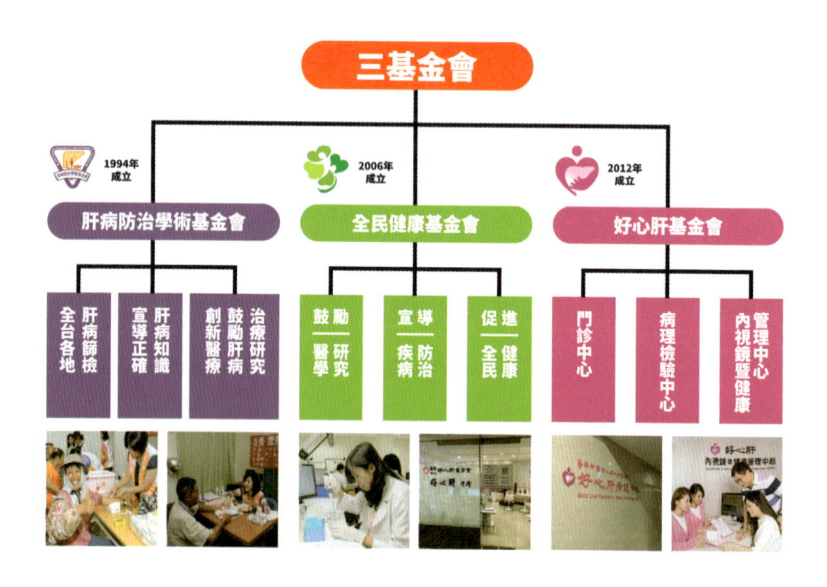

三個基金會及其服務內容

府重視與社會認同。肝病防治學術基金會歷年來屢屢獲獎，包括衛福部健康促進貢獻獎、國家品質標章獎、教育部社會公益獎、臺北市衛生保健義工服務義工團隊楷模獎、第27屆醫療奉獻獎團體獎、第六屆堉璘臺灣奉獻獎、亞太暨臺灣永續行動獎銅獎、臺灣永續行動獎──最佳行動方案銀獎等。這些獎項亦代表政府單位對民間慈善組織及NPO的認同，可對社會產生正向影響力。

我們戲稱基金會董事長許金川教授為「肝病防治史上的丐幫幫主洪七公」，他是用什麼方法來督促基金會使命必達呢？他念茲在茲的一句話便是：「善願有多大，力量有多大。」從基金會創會董事長宋瑞樓教授到許金川教授等，均可見其秉持著無私奉獻的精神。許金川教授曾於2017年榮獲「第二屆蔡萬才臺灣貢獻獎」，左手拿到1000萬元獎金，右手馬上全數捐助基金會；同年11月獲頒「臺灣大學傑出校友獎」，2019年獲頒「吳尊賢愛心獎──公益服務獎」，也即刻將百萬獎金全數捐出投入研究。由此可知，NPO能如此順利運作，與領導者及其NPO的善念與「願（使命）」緊緊相繫。

肝病防治學術基金會有個口號是「保肝尚未成功，同志仍須努力」，表明了「消滅國病」的決心，要讓臺灣成為沒有肝病的美麗福爾摩沙。從下列2023年的數據來看臺灣肝病防治成就，便可一窺肝病防治學術基金會在其中發揮的關鍵影響力：

- 十大癌症死因中,「肝癌」從第 1 位退至第 2 位
- 十大癌症發生率中,「肝癌」從第 1 位退至第 5 位
- 十大死因中,「慢性肝病」及「肝硬化」從第 6 位退至 10 名之外。

肝病防治學術基金會曾於 2014 年代表臺灣參加歐洲公共衛生論壇,與世界各國專家學者分享肝病防治的成功模式,NPO 成立旨意就是想為這個社會做政府還做不到的事、企業還不想做的事,肝基會從學術研究著手,積極地進行肝病基礎研究及臨床研究,期盼未來能夠提供病人更多治療選擇。在公共衛生三段五級的預防概念中,實施新生兒疫苗 B 肝疫苗接種政策,成功地降低了肝癌發生,基金會亦運用各種不

肝病防治成功模式

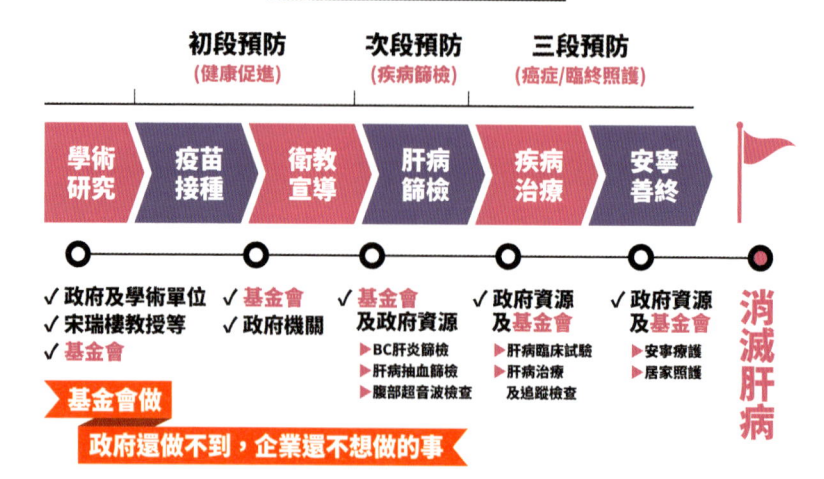

	初段預防 (健康促進)		次段預防 (疾病篩檢)	三段預防 (癌症/臨終照護)		
學術研究	疫苗接種	衛教宣導	肝病篩檢	疾病治療	安寧善終	消滅肝病
✓政府及學術單位 ✓宋瑞樓教授等 ✓基金會	✓基金會 ✓政府機關	✓基金會及政府資源	✓基金會及政府資源 ▶BC肝炎篩檢 ▶肝病抽血篩檢 ▶腹部超音波檢查	✓政府資源及基金會 ▶肝病臨床試驗 ▶肝病治療及追蹤檢查	✓政府資源及基金會 ▶安寧療護 ▶居家照護	

基金會做:政府還做不到,企業還不想做的事

同的媒體來傳播正確的肝病知識，提供病友最正確的健康與醫療訊息，是成功的疾病防治典範。

另外，透過疾病篩檢可讓病人得知自己是否患有 B、C 肝炎，亦可藉腹部超音波檢查早期發現肝癌，一旦發現疑似罹患肝病，即可轉診至醫療院所，使用政府醫療資源（如健保給付）進行治療，直到安寧善終。這一套肝病防治的完整服務，其起心動念就是希望能夠減少病友的「肝苦」。

基金會屢屢創新轉型，有其永續展望，下個願景是希望可以成立肝病醫療中心，以提供完善的醫療服務，並創新研究突破醫療瓶頸，照顧廣大國人的健康。

NPO 管理小語
「願」有多大，力就有多大！

―― 粘曉菁

NPO 之戀語錄
愛上 NPO 後，我能為它做些什麼？

◆ 成為組織一員，努力推動 NPO 大步向前。
◆ 不斷提升自我能力，讓自己能貢獻更多。
◆ 當 NPO 遭遇困難，我願意全心全意協助。

Chapter 3

NPO發展趨勢（以美國為例）

西方之戀

人生三不原則

有人說人生基本需求有「三要」：要命、要錢、要健康。綜觀人生裡一段開創之路的起頭，也有所謂的「三不」原則：不學無術(Stay hungry)、不守規矩（Stay foolish）、不負責任（Stay free)。「不學無術」：熟讀經書是累積知識的步驟，至關重要，但要在新領域開拓創新，就須保持對各領域知識的求知慾與好奇心，才易找到創新切入點；「不守規矩」：遵守規則固然是社會達成共識的基礎，不可忽視，但要在既定規範中突破並創造新事業，就要保持開放的心態，並培養謙虛學習的精神，這樣才能引領團隊向前邁進；「不負責任」：承擔責任是每位領導人的必備態度，無庸置疑，但若要打破僵化、迎接變革，更需要團隊不斷相互激勵，才易產生創意的新火花。

Chapter 3 西方之戀｜NPO 發展趨勢（以美國為例）

> **NPO 之戀領航員**

粘曉菁

國立臺灣大學兼任助理教授
肝病防治學術基金會執行長

《戀愛座右銘》
有包容的愛，才易幸福。　　　　　　粘曉菁

Q&A 百位大學生問答	請問你想談一場異國之戀嗎？

有 64% 的同學表示想談一場異國之戀。

百位大學生問答	你覺得異國之戀容易失敗的原因？（可複選）

語言差異 77%、文化差異 64%、移民生活不易 36%、距離太遠 31%、其他 6%。

若即若離的甜蜜

　　為什麼異國之戀會讓人覺得特別浪漫？或許源自於若即若離的距離感所帶來的甜蜜，也就是所謂的「小別勝新婚」。

　　從生理學來看，我們每一個動作的指令是經過千萬個神經，一個傳一個，它們不是連成一線，而是點對點的。點與點之間彷彿有一條河，必須採用一些方式將指令傳遞過去，這就是神經傳導物質[1]。這些傳導物質在前一個神經元時，末端會有一個個框起來的小泡泡，一旦受刺激，小泡泡就會釋放出去，傳遞給下一個神經元，並在腦部開始產生各種變化。如同遇到心儀對象，想展開追求談一場戀愛時，戀愛荷爾蒙便會開始分泌，從而產生愉悅感。

1　維基百科：神經傳導物質　｜　https://reurl.cc/p3zaex

在升起強烈的追求慾望時，泡泡可能會大量地傳遞出去，一下子就釋放光了，不像平常可能只釋放一點點。此時的熱戀強度是非常劇烈的，但已釋放完的泡泡無法瞬間再生，必須給它一點點時間，這就是所謂的不反應時間。當然，產生喜歡或戀愛的感覺，並不像一根神經的傳導過程這麼簡單，它還加上了身體五感、三觀以及許多生理、心理反應的作用，才會達成最後的結果，所以戀愛有著非常複雜的過程。

　　正常情形下，人們遇到多樣變化的時候，會產生新鮮興奮的感覺，然而一旦適應了這種變化，甚或將這個變化視為平常，就容易對此感到習慣而失去新鮮感。因此情人間若能保有若即若離的關係，就比較能享有「小別勝新婚」的甜蜜，這大概也是異國之戀會讓人覺得特別浪漫的原因。

　　此外，如果分泌的血清素、多巴胺、愛情激素稀少的時候，神經傳遞的速度就平淡如水，反之就非常激烈。如同病理上，上述物質若分泌過少，就會導致巴金森氏症；但若瞬間分泌過多，則會造成精神分裂症，過與不及，是兩個極端。

戀愛的真實記憶

　　什麼才是戀愛中的真實記憶？可能雙方說法很不一致，一方認為非常甜蜜，另一方說極為無聊。這情況就如法界名言——真相通常在案發當下就消失了，為什麼會這樣呢？

可能的原因之一是牽涉到大腦的發育與記憶，人類大約從六歲到二、三十歲左右，腦部短期記憶的空間還非常大，經由視覺或聽覺記下數分鐘或數秒鐘的記憶大概都沒有問題。但這個短期記憶，什麼時候會傳到腦部後方的長期記憶區儲存起來呢？

舉例來說，如果不斷搬家，更換家裡的電話號碼，三十年之後，你再回想第一個家的電話號碼，不一定會記得，因為它不一定會被儲藏到長期記憶區。這也是為什麼我們常講記憶力隨著年紀增長而老化，電話號碼沒辦法像年輕時記得這麼快速，因為短期記憶的空間已經慢慢地退化了。

為什麼關於戀愛的記憶常是不太可靠的？因為當記憶透過視覺傳進去儲藏在短期記憶區，再放到長期記憶區時，會歷經創傷、失戀、熱戀等任何情況而使記憶被扭曲，所以，可以發現正向的人大部分的記憶都是美好的，每一場的戀愛記憶都是成功的；但是比較偏向負面想法的人，他所記憶的每一段戀情，幾乎都是灰暗的，不是別人不好就是自己不好。記憶的內容會因人的個性等特質而有所不同。

賑濟美國（Feeding America）

全世界目前有上千萬個NPO，慈善捐款超過數百億美金，不論是金額或NPO員工數，皆是全世界前幾大經濟體

或產業,而美國NPO更早已蓬勃發展。

西方國家的NPO起源非常早,可追溯至約18世紀後期至19世紀,一開始的議題屬宗教性質,之後才慢慢擴展至其他領域。「每個人都要活下去」是這些議題中最主要的訴求,因為民以食為天,這是人活下來最重要的本能。

NPO也是一樣,"No one can thrive on an empty stomach"（沒有人在空腹時還可以茁壯成長）,如何去「餵食」NPO是一個非常重要的課題,若我們未來可能要將NPO當作使命和工作,要活下去就得思考如何運作NPO。

例如消除美國飢餓的組織 ── 賑濟美國（Feeding America）曾為全世界花費最多的非營利組織[2],當時建置超過200個糧食銀行的全國性網絡,透過食物餐具室、施粥所、避難所和其他社區機構來養活4600多萬人,每年花費超過33億美金。

根據美國心理學家馬斯洛（Abraham Maslow）的需求層次理論（Hierarchy of Needs）,生存需求例如食物、水、空氣等,位居最底層,消除美國飢餓組織先照顧了這一層,先滿足個人可以活下去的需求,才能幫助人們進而追求安全需求、歸屬需求、尊重需求、自我實現,最終能產生愛。有了愛,才會有善的循環去幫助別人。

---

[2] Charity Navigator ｜ https://reurl.cc/mMVx1l

比爾與梅琳達・蓋茲基金會
(Bill & Melinda Gates Foundation) [3]

比爾與梅琳達・蓋茲基金會（Bill & Melinda Gates Foundation）是全球最大型的慈善基金會之一，以消滅貧窮及終結飢餓為宗旨，由比爾・蓋茲與梅琳達・蓋茲所資助。比爾・蓋茲為微軟（Microsoft）電腦公司創辦人之一，是美國知名的資本家與慈善家。

此基金會在2000年成立於美國華盛頓州西雅圖市，財務達數百億美金，比爾・蓋茲每年捐贈全部財產的5%以上來幫助窮人，希望能鼓勵所有美國富有的人，除了將財產留給子孫，還可以選擇把這些財富拿來造福社會及幫助窮人，期能改善人們的教育、健康並保有可持續性，讓世界可以因此變得更好。

比爾與梅琳達・蓋茲有著回饋社會與對未來保持樂觀的共同價值觀，該基金會主要致力於提供全球人的健康、教育、圖書館、美國西北部建設等方面的援助。在基金會的努力下，2000年以來5歲以下兒童的死亡人數下降了一半，還有數百萬兒童因免於飢餓與疾病而倖存下來。此外，基金會還資助全球基金（Global Fund）旗下的機構，著重於消滅致

---

[3] 維基百科：比爾與梅琳達・蓋茲基金會 | https://reurl.cc/qVxGEn

命傳染病，比如瘧疾、愛滋病（HIV）等，以及改善公共衛生設備，如研發新型馬桶，讓糞水可環保再生，提供飲用。

此外，比爾・蓋茲在新冠疫苗方面有很大貢獻。他在2020年2月投稿至全球知名醫學期刊《新英格蘭醫學雜誌》（*The New England Journal of Medicine*，簡稱NEJM），以〈百年一遇的流行病？〉（Responding to Covid-19: A Once-in-a-Century Pandemic？）為題，提醒全球領導人都應該即起行動，否則就來不及了，並具體提出短期及長期建議。他在發表之後又捐了好幾百億元，做為全世界疫苗研發之用，並幫助貧窮國家人民可以施打疫苗，為全人類做了非常多有貢獻的事蹟。

基金會在美國西雅圖設有一個既溫馨又科技化的接待中心（Discovery Center）[4]。基金會將其使命製成展板陳列，作為場景的區隔，同時也展現高科技的運用。接待中心入口有迎賓區域，它會先幫遊客拍張照片，待遊客繞完展區，照片已經顯示在大螢幕上了。所以，現場經常會看到遊客拿起相機對著螢幕牆拍下自己的照片，系統也會主動寄照片到遊客的E-MAIL信箱，貼心的服務讓進入這個NPO空間的人都感到愉悅。

這告訴我們，一個NPO如果要清楚地以親民方式呈現

[4] The Exhibition List.wordpress ｜ https://reurl.cc/QRyad5

其使命,就需要非常用心地設計與人接觸的任何介面,不論是網路媒體或是實體空間,都會影響人們首次接觸這個NPO的第一印象。如同我們參加某個公司或職位的面談,舉凡穿著、說話、語氣以及行為表現,都是影響面試是否成功的重要條件。

希望之城（City of Hope）[5]

位於美國加州的國家級醫學中心——希望之城（City of Hope）,成立於1913年,是以非營利醫療起始的「全美最佳癌症醫院」之一。

創立之初為猶太消費救濟協會（Jewish Consumptive Relief Association,簡稱JCRA）,是一免費的、無教派的結核病療養院。1946年轉型為專注於癌症和其他主要疾病研究與治療的國家醫療中心。

在希望之城國家醫學中心的玫瑰花園裡,有座相當知名的門,門上鐫刻著 "There is no profit in curing the body if, in the process, we destroy the soul."（若我們在治療時摧毀了心靈,治癒身體就毫無意義）,這是早期領導人戈爾特（Samuel H. Golter）的題詞,載明了這家醫學中心的信念。他秉持著服務病人身心靈的理念,創建了全美數一數二的癌症治療中心。

---

[5] City of Hope | https://www.cityofhope.org/homepage

專業醫療與研究及感動服務

　　希望之城國家醫學中心以專業醫療研究及感動服務著稱，其有三大資金來源，分別是：醫療服務及社會捐贈、強大研發團隊的專利，以及向政府申請計畫的經費。

　　美國醫療制度非常多元，醫療保險更是和臺灣單一健保制度大不相同，在美國看完病，約幾週後收到醫療單據再去付款，若未如期支付，院方會不斷地追款。然而，希望之城國家醫學中心將收據寄出後，如果遲未收到款項，經他們認定對方的經濟能力不足或為弱勢，就不再去追款，而以募款所得來支付這些費用。因此，醫院在建造時，每個石階上都刻有捐款人的名字，以感謝捐款人的奉獻，是這些社會善款讓貧窮生病的弱者可以被妥善地照顧，讓愛與慈善持續發酵。

　　此外，令人感動的是泊車服務，這在美國是相當罕見的，許多義工會在醫院門口待命，幫有需要的病人泊車。這對遠道而來的病人來說，是相當溫暖貼心的服務。由於美國幅員遼闊，來醫院幾乎都需要開車，對患有病痛的人來說，能夠快速地進入醫院接受治療，是緩解病痛最有效的方式。感動服務的最高精神就是，提供的服務永遠比顧客的期待多一些。

案例分享：哈佛大學商學院「非營利組織經營與管理」課程

哈佛大學商學院（Harvard Business School）的（Strategic Perspectives in Nonprofit Management, SPNM, 非營利組織經營與管理）課程，在全球相當知名，每年培訓近200位來自全世界NPO的CEO（Chief Executive Officer，企業領導人或經理人），其中美國學員約占六成，平均年齡約五、六十歲以上。透過課程的傳授、討論與分享，希望能讓全世界有熱忱有意願為NPO奉獻的人，能秉持NPO的服務理念持續堅持下去。

參與這門課並不是一件輕鬆的事，行前兩週，哈佛大學就會不斷來信提醒「請下載講義，並請先研讀」。這門課必須研讀的教材內容非常多，學校的電腦系統還會記錄學員在線上停留的預習時間。

課程進行中會禁止大家使用手機，主要是希望所有忙碌的CEO都能夠在此沉澱思緒，全心貫注於課程的吸收與討論，這也是一種習慣的提醒——所有領導者在忙碌的行程中，應不忘讓自己沉澱後再出發。成功的管理者通常會很有紀律地規劃每日行程，而且還能空出短暫的片刻，讓生活中有一個暫停鍵。在國外許多著名大學的研究學術單位，都有獨特的下午茶時間，藉由這個時間大家可以停下來沉澱思考，並

與同儕或其他人做經驗交流,以產生更多知識的火花。

以下分享此課程學習之旅的精髓,這也是令人心甘情願地花數千美元去上課的關鍵。

精髓一:低調奢華的貼心軟硬體服務

住宿處採飯店式管理,下車時門務人員就會接手處理行李,到校後都不必再自行手提行李,對方甚至連雨傘都備妥。每日供應六餐,飲料零食無限享用,任何會議討論的視訊或實體設備均樣樣齊全,在低調奢華的貼心空間裡,學員只需專注學習。

精髓二:嚴謹用心的演出式教學

課程一開始,就以一張照片「小便斗上的蒼蠅」來說明專注募款和趣味捐款,這隻蒼蠅到底有什麼用意呢?

根據統計,男性使用小便斗時,沒有對準而把尿灑出來的機率是所有便器裡最高的,自從這個小便斗裡貼了一隻蒼蠅之後,小便斗周遭就變得乾淨無比,因為來此如廁的每個男性,都會瞄準那隻蒼蠅。

非營利組織在執行募款時,不但要專注也須兼顧趣味化,讓跟隨者覺得捐款是有趣、新奇且快樂的,如此才能吸引他們的響應並願意持續合作。整體課程雖然是以不同的教案來闡述每一個非營利組織的經營與管理技巧,但不論是老

師或助教說出的句子、點名的角度，及課堂走位的方式，都是經過無數次的模擬排演而呈現的。在課程結束前的最後1秒鐘，主要的授課教授還親自上台結語，唱一首歌來闡述這一堂課的重要精神，用心的安排相當令人感動，這也說明了為什麼這門課會成為非營利組織經營與管理的標竿課程。

精髓三：三星級硬體，六星級服務，九星級學生

這門課的教授並不正面回答學生問題，而是交由助教全面照料所有事項，小組成員不斷進行討論和分享。課程本身便示範了經營一個非營利組織的過程，由於非營利組織所有的一切皆來自社會的資源，不論是軟體或硬體，都使組織成為一台愛心拼湊車。非營利組織最重要的使命，就是能夠解決社會議題以服務他人，而最珍貴的價值則來自於非營利組織內部與外部的所有成員，不論是員工或者是義工，均為了一個社會議題而專注於使命必達，其慈善付出彌足珍貴。

精髓四：成功來自於經驗累積，沒有登天的捷徑

課程利用短短幾天時間來闡述一個非營利組織成立的核心，那就是要有愛心使命的存在。在非營利組織裡，沒有像企業所強調的指標與業績績效KPI，只有一群人凝聚社會的力量，一起為了共同的慈善使命而發想豐富的企畫，進而取

得社會大眾更多的認同，一步一腳印以達成目標。

精髓五：非營利組織最重要的是核心使命的傳承

東西方的非營利組織因文化差異，而造就了不同的捐款文化，但共通點是所有的Founder（創辦人）都一心懸念於組織的使命，因為這是他生養孕育的孩子。非營利組織有別於企業的是，很難用「人」做為傳承，一個非營利組織必須要傳承下去的是其核心使命，因此罕見非營利組織單純由子孫家族來繼承。

「人若無愛枉為人，請永遠保有夢想」，所以要偕同志同道合的人一起為NPO的使命而努力，讓夢想成真。亦即永遠保有自己的夢想，擁有做夢的能力，夢想才有機會實現！

NPO 管理小語
NPO 最重要的是以真愛打動人心，進而激發出人們心中的大愛。
── 粘曉菁

NPO 之戀語錄
想到 NPO 的哪個部分，會讓自己覺得很開心？
◆ 很溫暖，有力量，有希望，有同伴，能夠真正帶來改變。
◆ 長期服務、不斷努力付出的精神，令人肅然起敬。
◆ 達成使命、願望實現的那天，被服務的人們會再次體會到生命的美好與圓滿。

Chapter 4

NPO 的管理藝術

從專家到關懷者之旅

> NPO 之戀領航員

柯承恩

國立臺灣大學管理學院名譽教授

柯承恩名譽教授為管理學界知名學者，於臺灣大學擔任管理學院院長任內推動多項措施，大幅提升教學品質及研究能量；臺灣大學管理學院EMBA在柯教授的領導下，獲得國內第一次EMBA評比之最佳學程。柯教授長期參與政府財經政策的規劃，提供建言，亦積極參與非營利組織與企業界事務，對學術及各產業均有廣泛的貢獻。

專長 | 組織領導、公司治理、產業政策、管理與會計

人生座右銘 | 發揮愛心，關懷社會，共創美好生命！

《戀愛座右銘》
要讓對方感受到你的關懷，就要以同理心為他設想。

柯承恩

社會上存在著各式各樣的組織，其中有很大一部分是非營利組織（NPO），它們創立的宗旨與企業不同，不在追求利潤，而是協助社會改善政府與企業不容易解決的問題。臺灣社會是個充滿善心的環境，多年來我與企業界有很多交流，看到許多事業有成的善心人士，不只力行捐款，也願意投入各種公益活動。這種關懷社會的善念，是臺灣難能可貴的資產，也是推動臺灣社會更加進步的一大助力。

許多年輕朋友進入大學的某個科系修習專業知識，期望能成為該領域的專家，但其實他未來不會只是專精於一個領域的專家，不論將來進入企業、政府或非營利組織，他都可能有機會帶領很多人來為社會服務。以我為例，我本身就讀臺灣大學商學系工商管理組，後來出國讀碩士MBA，主修會計系，回國後曾在會計師事務所任職二年。任職中，自己覺得學有不足，再度出國進修博士，畢業後在國外教書。1988年回母校會計系開始以客座教師授課再轉為正式教職，幾年後，接任會計系主任，這確實是學以致用。到了2000年，我擔任管理學院院長，為了推廣更豐富EMBA的教學內容，我也跟多個領域的教授們一起開課，致力培育年輕學子與經驗豐富的社會人士。這段經歷讓我愈加強化我對人才培育的信念，不論一個人原本專精於哪個領域，只要他想往前邁進，在組織中發揮更大的貢獻，他就必須能跟各個不同領域的人攜手合作，共同努力以達成組織的目標。

大部分人的生涯發展，都從本身的專業能力逐漸擴大到組織的管理與團隊領導，而且不只能奉獻於自己所處的機構，他還能關心周遭的人、關懷社會，進而協助社會。也因此，他所服務的機構能被社會認同，跟著大環境一起成長。臺灣有很多個人與組織抱持著這樣的觀念，使公益團體蓬勃發展，並獲得企業的支持，共同投入公益活動，這成為臺灣社會的一大特色。

　　很多外國朋友來到臺灣，發現社會上有這麼多的善念與實踐者，皆讚歎臺灣人參與公益服務的熱情。我長期在肝病防治學術基金會擔任義工，觀察到在基金會的各種活動中有很多樂於奉獻的人，這股力量讓基金會能把醫療與社會服務做得特別溫馨與精緻。「善念」必定是公益NPO的起點，但是要把NPO經營得好，還需有能讓善念充分實現的管理與領導能力，這點非常重要。

　　年輕人進到學校求學，便已開始儲備助人的專業知識與能力，在學習過程中，如何進一步發揚善念，對社會做出貢獻，也可以說是一種「從專家到關懷者的旅程」，這個旅程值得我們好好探索。

NPO在做什麼？

　　20世紀在管理學界最具影響力的管理學教授彼得‧杜拉

克說：「非營利組織既不是提供產品或服務（如企業），也不在於掌控什麼（如政府）。它的產品既非一雙鞋子或有效的法規，而是一個改變過的個人。因此，非營利組織是引導人們轉變的機構。他們的產品是一個被醫治好的病人，一個能夠學習的孩子，一個年輕人不論男女，長大成為自我尊重的成人，整體來說即協助眾人改變人生。」

彼得‧杜拉克對NPO的闡釋非常深刻：「非營利組織是改變一個人，讓他過得更好，更健康，更正面。」舉例來說，好心肝基金會是個醫療機構，可幫助人們關注身心健康，又如老人照護機構和育幼機構，不只是照顧老幼的溫飽，而是希望能透過相關活動及服務，協助他們擁有更好的人生。

所以，NPO的目標不是產品或服務，而在於與人類相關的所有社會議題，這些都是NPO欲服務的對象。如同現在許多NPO所關懷的地球環境、環保問題，因為這關乎下一代的成長，是掌握人類生活品質的關鍵。

綜言之，NPO的面貌多樣，但其終極目標都是希望幫助人們成長，讓生命充實、生活更有品質。

NPO的宗旨

人們都具備著善念，NPO便是能將善念實踐的機構，機構成立的宗旨通常簡單清晰，都有明確的目標和範圍，例如：

臺大醫院——健康守護，醫界典範。

好心肝門診中心——以「愛」與「關懷」為宗旨，把每位病友當成自己的家人。

美國紅十字會——透過動員義工與捐贈者的力量，來預防與減輕在緊急狀況中人們的痛苦。

比爾與梅琳達‧蓋茲基金會——我們的宗旨是要創造一個人人可以有機會過著健康而豐美的生活的世界。

比爾與梅琳達‧蓋茲基金會的宗旨範圍是相對廣泛的，這需要很大的能力跟能量，而他們努力去做，蓋茲夫婦將財富所得及資源投注在全世界所關注的議題上，成效斐然。

被投資人譽為「股神」的華倫‧巴菲特（Warren Edward Buffett）與比爾‧蓋茲是好朋友。巴菲特曾向蓋茲表示，老天給他賺錢的能力，但他不太會花錢，不如把資金捐助比爾與梅琳達‧蓋茲基金會，以助其推動全球性的公益事業。巴菲特不住在大城市，而是悠遊自在地住在小城，其財富管理得宜，到2023年，巴菲特捐助給比爾與梅琳達‧蓋茲基金會的金額高達361億美金，加上其他捐贈總共超過507億美金。他衷心希望能改善這個世界，不局限於自己的基金會，胸襟寬大極為難得，令人敬佩。

營利事業與NPO特質的比較

營利事業	非營利組織 (NPO)
☐ 追求經營的利潤	☐ 協助人們改善生活
☐ 提供社會需要的產品與服務	☐ 提供營利事業較難顧及的身心靈服務
☐ 出資者是股東	☐ 出資者是捐贈人
☐ 精算並控制成本	☐ 較願意承擔額外的成本
☐ 成果較易以金錢衡量	☐ 成果較不易以金錢衡量
☐ 經營方法以效率為主	☐ 經營方法著重於公益成效
☐ 經營目標、策略與執行等因有競爭壓力,故管理較嚴	☐ 經營目標、策略與執行等因屬公益目的,管理較為彈性

營利事業與NPO有何不同？

　　從上表的比較,可明確看到營利事業與NPO在許多特質上的差異。營利事業(如企業組織)以追求利潤為目標,提供社會所需要的產品與服務,也創造了社會的財富。由於企業面臨競爭壓力,又有營利需求,所以其經營目標、策略與執行等必須界定清楚,管理上亦更講求效率,必須精算、控制成本,其成果績效較容易用金錢來衡量。

　　非營利組織旨在協助人們改善生活品質,提供營利事業較難顧及的身心服務。當人們投入NPO時,會發現自己有能力幫助別人而感到更快樂,所以他們戮力於NPO的動力,並非來自金錢的回報,而是達成善念的滿足。

再者，營利事業的出資者是老闆、股東，非營利組織的出資者則是捐贈人，他們通常也願意承擔較多額外的成本。就如同巴菲特捐款給比爾與梅琳達・蓋茲基金會，身為贊助人，他並不求金錢回報，只希望基金會能妥善運用捐款做公益幫助他人，他亦從中感到快樂、滿足。所以，NPO的成果較不易以金錢衡量，重要的是能得到人們發自內心的認同。

此外，NPO的經營方法較偏重公益成效，其經營目標、策略與執行等因屬公益目的，所以管理較為彈性。NPO著重的是多替別人想一點、多做一點、多照顧一點，期能幫助人們解決問題，讓他們生活過得更好。

雖然NPO著重傳達助人的價值觀，更甚於營利目的，但仍不能過於缺乏效率，而要將有限資源做最大化的運用，以幫助更多人，此時考驗的就是管理組織的能力了。

「惻隱之心，人皆有之」，善念是NPO的起點，若要走得遠，端看善念如何施展。

NPO的領導與管理

NPO經營者與其團隊的管理任務，就是把組織的宗旨轉換成具體的工作項目。

例如一個非營利醫療機構的宗旨是「視病猶親」，要如何將這個概念轉換成工作上的實踐？當病人來到面前，該

如何與其互動？有人不只是身體不舒服，心理上也因病痛而感到脆弱，這時醫師的說話技巧就很重要，如果回應病人說：「你這又沒什麼？」會讓有些病人聽了很難過，認為醫師漠不關心，但也許醫師的本意是想安慰病人，表達其身體狀況並沒有那麼嚴重。如果沒拿捏好說話語氣，結果容易適得其反。

所以，一個人如何適切地表達善意，讓他人接收到關懷，就要具備適切的同理心，這是人與人之間非常重要的互動與溝通能力，需要有意識地關注和訓練。這個觀念不僅有助於經營NPO，在任何組織與事務的參與上，都同樣重要。

領導與管理能力是關鍵

個人的善念可透過參與公益活動來實踐，不論是捐錢或做義工，相較於經營一個NPO，都較為容易。要把NPO經營好，讓一己的善念，擴展成整體組織的善念，擁有好的領導跟管理能力就至關重要。

有決心 —— 抱持相信與承諾

一個人要做很多善事，難免有力不從心的時候。在疲累時，還能不能堅持原有的善念，這就很考驗一個人的決心。下定決心的過程可能會很辛苦，例如有些NPO會到非洲、印度、泰北等地服務，會發現這個世界需要幫助的對象實在很

多,但要面對生活條件較差的環境並不容易。唯有相信自己並立下承諾,才有辦法將善念堅持下去。

往外看——看見需求與機會

有了善念,且下定決心,還要能往外看。看看這個社會正面臨什麼問題?發生什麼困難?若不往外看,就不容易發現需要我們幫忙的機會。NPO的設立,正是因為社會存在著太多有待解決的問題,需要人們發揮善念去服務,所以更要往外看。

下工夫——展現優勢與成果

想幫助他人,若只是具有善念還不夠,還要思考自己有什麼能力?最擅長什麼?具備哪些優勢?不論專長是什麼,每個人其實都有助人的能力。重要的是,能夠要往外看,好好下工夫,充分展現優勢,就會發現自己可以幫得上忙的地方很多。

NPO面臨的挑戰

要尋覓到適當的捐贈者

NPO要執行公益做好事,首先要找到適當捐贈者,充實組織的資源,它就愈有能力幫助更多人。有些捐贈者有資源

有善念，但可能缺乏時間與或做法來落實，如前述所提及的股神巴菲特，他就大方地將資金捐給有執行力的NPO，讓該機構有更多助人的力量。

將捐贈者昇華為貢獻者

經營NPO可以進一步地讓捐贈者不只是捐贈資金，還可以讓他成為多層面的貢獻者，願意出錢又出力。

通常捐贈者除了金錢以外，還擁有別的資源，例如他可以協助找到適當的人脈來與NPO合作；或者具備很好的組織能量，可以邀請他的員工一起來幫忙，參與公益活動，達到利人利己的目標。如果這些捐贈者願意提供他手邊的其他資源，就有機會讓NPO的公益活動做得更完善，造福更多人。

賦予共同使命形成社群

經營NPO光靠個人善念是不夠的，重要的是還要形成一個社群。一群人一起實踐共同的善念與目標，NPO的力量才會放大。

在這個過程中，要如何感動別人，使之與我們有同樣的目標與使命？首要的是，必須了解人性。腦神經專家也告訴我們，樂善好施會激發讓人愉快的荷爾蒙。自己帶著善念熱誠投入，更能激發別人的參與，進而形成有共同公益使命的社群，而運用團隊的集體力量也更能達成NPO的目的。

成功NPO投入者的任務

有關懷生命與服務社會的胸襟

一位成功的NPO投入者，要具備多方面能力。他要達成NPO的公益使命，就必須能關懷生命與關懷社會，如果只是勉強為之是很難把服務做好的。具體而言，就是要能建立服務的人生觀，認同協助與服務別人就是他的任務，而他還要能具體實踐，這才是真正落實NPO的服務。

具備專業知識並結合跨域資源

NPO的成立通常會設定在某一社會議題領域，例如醫療服務、教育服務、環境保護等，所以創辦人需要具備該專業領域的知識，或能邀請具有領域知識的人才參與。同時，還要有能力結合社會各種資源，包括資金、人脈、通路等，也能邀集其他專業人才的參與等，如此才有可能拓展一個NPO的貢獻力量。

開發培養組織管理與領導能力

提升NPO內部的管理與領導能力，是組織成長必備的條件，能夠如此，組織才不會停滯、甚至老化衰退而消失。隨著NPO的成長，團隊成員數量會增加，組織會更為複雜，分工合作過程中難免會產生意見或工作上的衝突。因此，彼

此的合作協調需要更有系統，分層授權也必須更有制度，才能夠減少組織內的衝突，有效發揮合作成果。任何組織，人的因素極為重要，如何帶領組織的成員，激發工作的熱情與動力，克服工作上的各種問題，也是各階層領導者的一大挑戰。所以，NPO的負責人要有意識地培養經營團隊的組織管理與領導能力，才能讓一個NPO有永續發展的機會。

成功NPO投入者的任務

- NPO的公益使命
- 關懷生命與關懷社會的胸懷
- 服務人生觀的建立與實踐
- 專業知識的運用
- 結合跨域資源的能力
- 領導與管理能力的開發

資料來源 柯承恩講義(c)/2024

結合人力資源以創造社會價值

NPO的核心團隊裡,除了全職工作成員,還需有義工團隊、財務支援團隊及跨領域支援團隊,各個團隊的功能與角色不同,要能夠結合這些人力資源一起為NPO的公益目的而努力。這也是為什麼NPO的成員,需具備管理跟領導能力,懂得與人互動合作,才能將善念落實。

NPO主要工作團隊

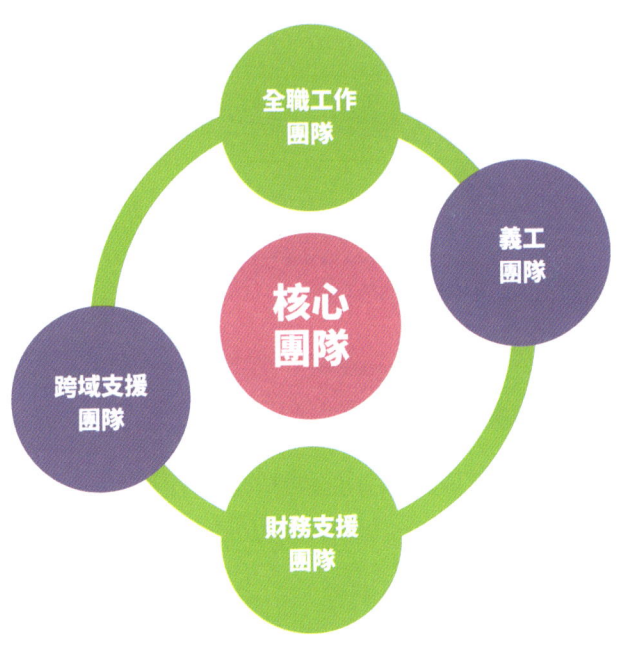

- 核心團隊
- 全職工作團隊
- 義工團隊
- 財務支援團隊
- 跨域支援團隊

資料來源 柯承恩講義(c)/2024

NPO的專業、管理、領導三層次

關於NPO內部不同階層所需要的專業技術、管理能力與領導能力的比重，可參考下圖。

專業、管理與領導能力的組合

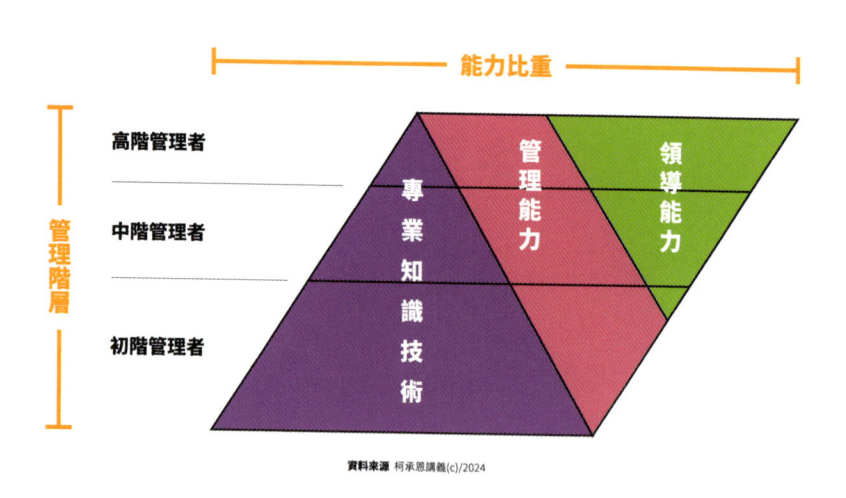

能力比重

管理階層：
- 高階管理者
- 中階管理者
- 初階管理者

專業知識技術／管理能力／領導能力

資料來源 柯承恩講義(c)/2024

NPO的成立以善念為基礎，當NPO的創辦人或經營者需要組合具備專業技術能力、管理能力與領導能力的各種人才來共同努力，才能達成NPO的目標。不同階層的人力具備此三種能力的比重不同。一般而言，隨著組織成員的成長，這些比重也需要做適當的調整。NPO的經營者與團隊在帶領一群人朝著目標前進時，所需具備的不僅是專業知識技術而

已,還要組織制度的設計、權責分工、資訊的流通、協調溝通的機制等做完整的規劃,就需要有管理能力。此外,如何讓優秀人才能夠合作互助、激發潛能,創新求變達成共同的目標,更需要有好的領導能力,這些都是經營NPO時經營者與團隊成員需要深思熟慮,不斷學習才能達成。

就組織的成員來說,他從初階管理者,邁向中階、高階管理者的過程中,除了專業知識技術能力之外,還需要增長自己在管理及領導方面的能力,才能因應組織對他的期待。隨著一個人在職務上的提升,管理與領導能力的比重要求也會更高。

專業的知識技術

專業的知識技術是指在特定知識或技術領域裡,能精通理論及實務,並能解決特定問題。一個專家必須具有know-how(知道怎麼做的技術)、know-what(知道如何分析問題)、know-why(知道問題為什麼發生)的能力。專業知識與經驗是個人解決問題的核心能力之一,但只靠專業知識仍無法形成集體力量,必須仰賴專業知識與管理領導能力的結合,才能善用各種團體成員的多元知識,為NPO創造更大的服務價值。

經營管理的步驟

一個人具備某種特定領域的專業知識,不一定代表能夠在組織內將管理工作做得好。管理是一種做事的方法,有其結構、系統和流程,其施行可歸納為七個步驟:訂定目標、設置組織、建立流程、分配資源、掌控進度、評估檢討與採取行動。

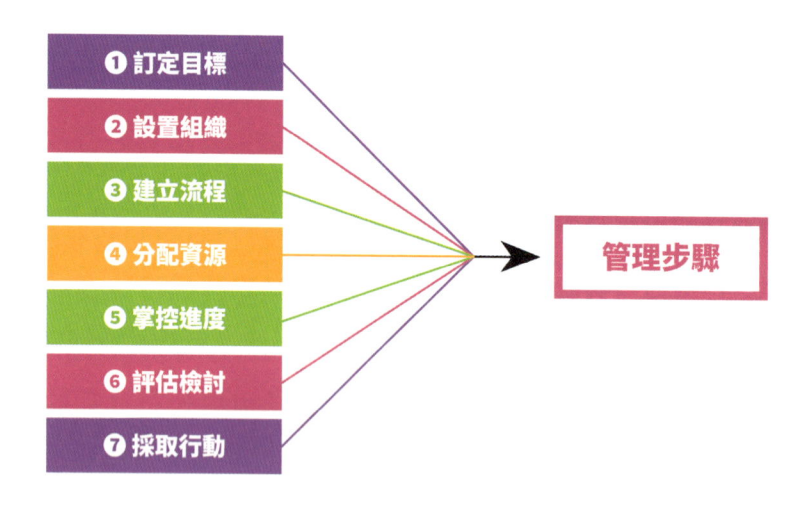

❶ 訂定目標
❷ 設置組織
❸ 建立流程
❹ 分配資源
❺ 掌控進度
❻ 評估檢討
❼ 採取行動
→ 管理步驟

在這些步驟進行的同時,成員必須要能分層負責、協調溝通,也要有分析問題、決策判斷的能力。有了這些「處事能力」外,還須具有重要的「處人能力」。

領導帶人的能力

在任何組織，包括NPO，處人、帶人及待人的能力都是非常重要的，這是領導能力的基礎。由於NPO需要募集資源才能朝向目標前進，所以NPO的成員經常要面對募款對象，此時要思考如何才能感動他？讓有資源的對方願意提供資源。對方可能會問：「你為什麼要這個資金或資源？目的是什麼？為什麼要找我？」等問題。NPO的成員要能夠回答問題，讓對方感到他值得提供組織所需要的資金或資源。從另一個角度來看，這種影響別人，改變別人行為的能力就是領導力的本質。

換句話說，領導力就是影響力，要有能夠影響他人的思維與行為的能力，才能做為領導者。NPO的創辦人在發起時，可能手邊沒有資源，但是他能以自己的理念與作為影響別人，使別人願意支持他，提供資源。在NPO的領導者裡特別需要這樣的本事。

領導力是領導者對追隨者的影響，以便雙方在共同目標下齊心達成真正的改變。當NPO的領導者向組織外部的支持者尋求支持的時候，對方說出：「看你需要什麼，跟我講，我會幫你的忙。」這表示NPO的領導者已發揮了影響支持者的能力，讓對方願意認同NPO的目標。而接著，要能更進一步地去思考如何打動對方，把NPO的目標變成是支持者本身追求的目標，讓雙方一起努力來達成。

此外,NPO的經營者,不只要影響外界有資源的人士來支持他,他也要能夠影響在NPO工作的成員,願意盡心付出完成任務。NPO的經營者除了以理念與善念吸引人才成為工作團隊,他也要了解這些成員在不同階段的心理需求,採用適當的激勵方式帶領成員,持續朝著NPO的目標前進。領導力可說是一種深諳人性,能夠待人與帶人的能力。由於NPO不是追求利潤的組織,不容易用太高的金錢報酬來激勵成員,所以組織的領導人更需要了解如何激發成員的潛力,讓有才幹的成員願意持續成長,為組織的目標努力。同時,組織裡的幹部也要持續加強自己的領導能力,因為接下來他也同樣要帶領更多成員。關於管理與領導的重點,歸納在下表,從中可看出管理與領導的特質與差異。

管理與領導的重點

管理	領導
☐ 因應複雜,管理組織的資源達成目標	☐ 因應變化,帶領組織成員追求願景
☐ 規劃與預算	☐ 設定方向
☐ 工作組織與人力分配	☐ 整合成員,朝向目標
☐ 控制與解決問題作業	☐ 激勵與激發成員克服困難,發揮潛力
☐ 著重在組織、制度、程序等事的掌握	☐ 著重在人的啟發

簡言之,「管理」是著重在建構機制,把事情做好,是做事情的方法;而「領導」則著重在激發成員,發揮潛能,是帶人的方法。管理著重在組織、制度、程序等事的掌握;領導需要整合成員,激勵與激發成員克服困難,發揮潛力,著重在人的啟發。兩者特質雖然不太一樣,但都是NPO團隊必須要不斷學習的能力。

舉個例子,有時問企業界朋友:「你身為總經理,如果你的幹部有10分的能力,你認為他為公司付出多少分力量?」得到的回答多數為7～8分,9分的比較少。似乎反應有潛力的人,未必充分貢獻出他的能力。如果只有6分,這薪水就等於白付了。

我也問過企業界的學生,在職涯的過程中是不是有經驗跟某些上司(A)工作,願意付出9分,但跟別的上司(B)就不願意付出9分的能力。多數人都回答有這些經驗。為什麼同一個人,跟隨不同的上司他的付出就可能不同?原因就可能在A上司的帶領方式比B上司更能激勵他的潛能,這就是領導力的差別。因此如何激發一個人,讓他願意發揮潛力,雖然薪資獎金會有一些影響,但領導者的能力更是一個不可忽視的因素。

所以,「會做事,也要會待人!要做大事,更要能夠帶領人!」這就是NPO領導者與團隊成員的考驗。

聯合國永續發展目標與NPO管理藝術

目前全世界有許多NPO積極地參與聯合國永續發展目標（Sustainable Development Goals，簡稱SDGs），在17項永續發展目標的內容裡扮演推動甚至發動的角色，例如終止貧窮、消除飢餓、氣候行動、生態改善等。尤其近年來，世界上有許多要面對的問題，如疫情、地震、水災、火災、貧窮、教育等，其中都有許多政府與企業還無法做到盡善盡美的面向，而NPO的投入更顯得相對重要。

最後，我們再次回顧本章重點。

NPO能做政府與企業不易做到的服務品質

企業界有豐厚資金，但為什麼遇上一些問題仍不易做得完善？因為有些事情並非投入資金就可以解決，尤其是服務品質。由於NPO不為營利，它立足於理念與善念，所以能做的範圍也較廣較深。社會上有些問題需要用九十分的努力才能解決，但政府與企業礙於種種因素可能只能做到六、七十分，NPO的加入便是希望能彌補這個差距。

人們應多參與NPO，共同建立美好的社會

如果希望這個社會變得更好，我們就要學習付出，如此才能留一個好的環境給自己與下一代。不論退休與否，人人

都可以投入公益行列,讓社會因為我們的努力,有一個更美好的願景。

投入NPO可深化人生意義,讓生活更圓滿

我們對人生都抱有期待,但人生的意義不只是關心自己的食衣住行而已,還有很多超過這個層次的意義,例如:我們能不能幫助別人?這也是人與生俱來的內在需求。當我們有能力幫助別人,就會因為自己從事有價值有意義的工作而感到快樂,這麼一來,使得生命更加圓滿。

理念需要能力推動實踐,能力需要理念賦予目標

一個人不能只是光說不練,若意識到「我有很多善念」,但又覺得「我沒時間做」,這樣仍無法對社會做出實質的貢獻。NPO的理念要能夠實踐才有意義,實踐時也須有目標,不能只是隨興而為,缺乏方法。在時間有限的情形下,我們要做什麼?跟誰一起做?這些都要想清楚。

專業能力解決技術問題,管理能力處理組織挑戰,領導能力激發成員潛能

擁有專業能力,代表特定知識技術很好;具備管理能力,是把一群人透過合作的方式組織起來,而能有效處理事

務；發揮領導能力，則是把成員與支持者的潛能充分激發出來，進而共同達成目標。

專業需要精進深入，管理需要溝通協調，領導需要視野胸襟

在NPO工作的成員，需要結合專業技術、管理能力與領導能力，也需要逐步開發這些能力，持續學習是擴大個人能力與發揮更大貢獻的基礎。一個NPO如果匯集此三種能力，將更能夠在服務社會的理念中，創造更大的價值。

學習參與NPO成為未來政府與企業精進的基礎

年輕朋友在校園應多參與NPO的服務與學習，可磨練將來參與各種社會組織的能力。這些組織並不侷限在NPO，也可以是投入政府、企業界或國際機構。從校園中參與NPO過程中所學到的經驗與能力，會讓他將來參與社會各種組織時，能夠更快速地發揮貢獻與加速成長。

NPO 管理小語

◆ 登高才能望遠，踏實才能向上！
◆ 闖出舒適圈，助人無國界！

── 柯承恩

NPO 之戀語錄

如何帶領 NPO，共創美好社會？

◆ 心懷慈善溫暖，凝聚成員向心力。
◆ 發揮 100% 能力來感動他人，讓其他人和你有一致目標，願意共同改變社會，共創美好未來。
◆ 一個人走得快，一群人走得遠；在前往理想目標的路途上，必須要有與之匹配的能力！

Chapter 5

NPO財務結構與規劃

愛情中的理性與感性

NPO 之戀領航員

李賢源

國立臺灣大學管理學院
財務金融學系教授

李賢源教授為知名財務金融專家，對金融商品及市場有專精的研究，曾任行政院金融監督管理委員會專任委員、臺灣證券交易所公益董事等要職，現任多家企業、銀行金融顧問，擅長以歷史脈絡之精闢講述，深入淺出引領投資理財之邏輯思考，長年以其長才貢獻智慧協助非營利組織發展。

專長｜金融創新、國際金融市場分析、結構化債券投資組合、固定收益證券與其衍生性商品的定價與避險、結構型財務與信用衍生性商品的定價與避險

人生座右銘｜賺錢有益身體健康，有錢要富而有禮且時時扶弱。

《戀愛座右銘》
感情的經營，除了感性的熱情投入，還需要理性支撐！
　　　　　　　　　　　　　　　　　　　　李賢源

非營利組織要靠感性撐起,因為光靠理性是撐不起來的。從理性來看,資本主義社會追求的是最大利潤,以經濟學的話語來說,人類的貪婪是遞增的,慾望是無窮的。

一個NPO要如何以一塊錢賺一億元?如何創造價值,讓捐獻者繼續支持,成為NPO的動能呢?這其實很不容易。

理性或感性

做財務規劃最重要的是兩個報表,一個是資產負債表,另一個是損益表。就一個營利組織的理性面來看,要如何極大化公司的價值?如何極大化股東的價值?要透過什麼方式來極大化這些公司或股東的價值呢?

理性或感性

資產負債表

資產 (Assets)	債務 (Debt)
	淨值 (Equity)

資本預算問題或資產組合配置問題,基本上是資金運用問題。

資本結構問題或內外部資金配置問題,基本上是資金籌措問題。

如何極大化公司的價值
如何極大化股東的價值

資產（Assets）基本上是資金運用問題，為資本預算問題或資產組合配置問題。債務（Debt）及股本或淨值（Equity）基本上是資金籌措問題，為資本結構問題或內外部資金配置問題，即便是NPO都必須思考如何配置。

然而，NPO是非營利性質，所以債權人不太敢把錢借給NPO，基本上債務應該是很少。因此，NPO的資本結構中的債務大概絕大部分為零，也就是說NPO的資本結構中幾乎都是股本，亦即老本。

故NPO有其僵固性，是受限的，不能虧掉老本，也不能從事有風險的投資或業務，只能將資金存在銀行。可知NPO在低利率時代，存活是相當辛苦的。

舉例來說，某個NPO的資產負債表顯示大約有九億元的資產規模，但負債才一百多萬元，所以淨值（老本）就高達八億多。就如同與一個富有的對象結婚，「感性」上可能會覺得自己也成為富翁，但「理性」來看，那些錢財並不屬於自己。亦即債權人沒有要借錢給NPO，而NPO的老本又不能花，也不能做投資，全部的錢只能放在存款裡。當一切受限，又要維持一個家庭，該怎麼辦呢？同理，要維持一個NPO的運作，該怎麼做呢？

在低利率時代，NPO要生存下去，就必須靠勸募能力。絕大部分的捐獻者都是感性的，對NPO富有熱情，然而愛心千萬千，力量卻有限，不太可能持續捐款。因此，NPO必須

要仰賴自己的運作生產或利息收入，這也是理性跟感性的問題。

NPO有沒有可能創造額外的價值，增加收益的空間？是有可能的！這必須要運用專業及資源，以創造NPO增加收益的空間。

那麼，有沒有可能用一塊錢賺一億元？亦即分子是一億元，分母是一元，能否達到投資收益一億倍？甚至可能連一塊錢都不用投入，而是善用專業知識，幫NPO創造出價值。所以要觀察你所支持的NPO的特性，看有什麼機會點可好好被應用，能與專業結合後創造出新局，創造出別人認同的價值，那麼賺到的就不只是一億倍，甚至是無限價值。

以學生為例，目前雖沒有多餘的錢可捐助給NPO，但可能有較充裕的時間能奉獻給NPO。再者，學生可以積極培養知識及專業，讓自己產生價值，再將這份價值貢獻給所認同的NPO。

一幅畫，除了藝術，還有什麼？

法國知名畫家莫內（Claude Monet）有幅畫《草地上的午餐》（1866年），以及另一位法國知名畫家雷諾瓦（Pierre-Auguste Renoir）的《煎餅磨坊庭院樹下》畫作（1876年），都曾在俄羅斯普希金博物館特展展出。人們不一定懂其畫風學派或意境，但也許會好奇，這兩位法國畫家的畫作為何會出現在俄羅斯？其背後必定帶著歷史或故事，令人想一探究

竟。如果導覽者能把這一段故事講出來，能吸引到的就不侷限於藝術愛好者，而會擴展到另一群對歷史有興趣的人。

所以，當我們觀賞一幅畫時，在藝術的角度之外，是否還可以看到一些事件背後的意義及對未來的影響，這是值得注意的面向。

哈斐利《聖米歇爾大道》

上圖是畫家哈斐利（Jean-Francois Raffaelli）在1890年的作品《聖米歇爾大道》[1]，聖米歇爾大道是法國的一條熱鬧大街，當時，巴黎應該是歐洲最繁華的城市，若撇開藝術角度，你從這幅畫中還看到了什麼？

──畫中人物穿戴整齊漂亮，可能在逛街或是要赴宴。

1　Location: Puschkin Museum, Moscow ｜ https://reurl.cc/3XVQrM

──有人乘坐馬車，很可能是貴族。

　　──地上有光影，應該是晚上。

　　──建築物裡可能是一般住家，也可能是餐廳，裡面都有燈光。

　可能也有人會開始思考：

　　──為什麼畫中出現的是馬車，而不是汽車？

　　──畫作上的街燈與屋內燈是電燈？或煤油燈？

衍生思考1：電與油

　　愛迪生（Thomas Edison）在1879年12月31日於門洛帕克（Menlo Park）做了白熾電燈泡的第一次公開演示，1880年1月27日，他在美國為此發明申請了專利。而《聖米歇爾大道》是一幅1890年的畫作，若畫作中的街燈或屋內燈是電燈，則可推論，當時電燈已盛行至歐洲。

　　哈斐利的另一幅名畫《聖奧古斯丁廣場》[2]，出現第一個使用弧光燈的電動路燈，即Jablochkoff candle，它於1878年首次出現在巴黎。到1881年，大約有4000人使用弧光燈，取代了燃氣燈。在美國推出弧光燈之後，到了1890年已有

---

[2] Source/Photographer: Own work, Daderot, 16 May 2013, 14:48:28
Location: Huntington Museum of Art (2033 McCoy Road Huntington, West Virginia)
https://huntington.org/art-museum

哈斐利《聖奧古斯丁廣場》

超過130,000個使用弧光燈的路燈。

另外，電的第一個發現者是富蘭克林（Benjamin Franklin）。1752年6月15日，富蘭克林在兒子的協助下，在穀倉內將風箏升到半空中，期待掛在風箏線上的鑰匙能引來閃電。終於閃電擊中鑰匙，沿著導線一路傳到穀倉內的萊頓瓶，證明了閃電與靜電並無二致，同樣可以貯存於萊頓瓶中。

而石油的第一口井開發者是德雷克（Edwin Drake）。1859年8月27日，美國人德雷克借鑑鹽礦鑽井技術，以蒸汽機動力，在美國賓夕法尼亞州開採出石油，這是世界上第一

個運用機械化鑽井、機械化採油的油井,被公認是開啓現代石油業的典範。

由此可知,美國的強盛其來有自,因為人類能源最重要的電跟油,都發明或開發自美國,美國因此成為工業大國。

所以,從一幅畫的細節可以觀察到畫中的年代故事,這些不僅吸引了藝文界人士,也吸引了熟悉油、電和富蘭克林等人的理工人士。相同的素材,以不同的視角切入就可以看到不同層次的面向,因而帶來不同的客群,這就是專業知識融會貫通的展現。

衍生思考 2:汽車

前述哈斐利的《聖米歇爾大道》是 1890 年的作品,畫中出現馬車,而 Mercedes-Benz 車子於 1886 年研發出來,大約在同一個年代。

在此之前,德國人已發明引擎、內燃機。1876 年,德國工程師奧托(Nicolaus Otto)發明了四衝程內燃機,這種四衝程工作循環被命名「奧托循環(Otto cycle)」,他的兒子古斯塔夫為 BMW 的創辦人。1883 年,德國工程師戴姆勒(Gottlieb Daimler)和好友邁巴赫(Wilhelm Maybach)製成了第一台四衝程往復式汽油機。

1885 年,德國工程師賓士(Karl Friedrich Benz)利用汽油機製造出第一輛三輪汽車。從此,內燃機做穩定的動力

輸出元件，被廣泛運用在各種交通工具上。1908年，福特（Henry Ford）推出了T型車。

Mercedes-Benz創辦人之一的賓士，在1886 年便研發了極速可達 16km/h 的全球第一輛三輪「汽車」——Benz patent motor car No.1。同年，另一位創辦人戴姆勒也以一輛四輪馬車為基礎，打造了全世界第一輛四輪汽車——Daimler motorized carriage。這兩名汽車先驅各自成立品牌後，在當時是彼此最強勁的對手，但終其一生，兩位創辦人從未見過一面，即使兩人居住地僅相距 60 英哩。這兩個品牌在1926年合併，成為今天車壇上最知名的品牌。

當這些車子陸續發明出產後，哈斐利畫作《聖米歇爾大道》中的馬車，也許就會被現代的計程車取代了。

美國汽車工程師暨企業家福特，是福特汽車公司的建立者，也是世界上第一位將裝配線概念實際應用在工廠，並大量生產而獲得巨大成功的人，福特汽車正式出產是在1908年。綜合上述，從《聖米歇爾大道》畫作中的馬車思考起，亦可精采地連結至汽車研製的歷史，這番講述更豐富了畫作的價值。

衍生思考 3：原油價格兩大週期

有了汽車，就需要石油，我們再深入思考石油問題所造成的影響。

隨著制裁伊朗的措施逐步生效，以及委內瑞拉國家治理的失敗，可預期到2018年年底，全球原油的剩餘產能將回到歷史的低點。

從石油真正全面滲透到現代人的生活開始，人們經歷了波瀾壯闊的兩輪原油價格波動大週期，時長分別有三十五年和三十年，長週期屬性一覽無遺。如今，原油價格的新一輪週期也即將拉開序幕。

上述波瀾壯闊的兩輪原油價格波動大週期，分別是：

第一輪從1950年到1985年，很湊巧，剛好落在美國利率市場化的期間。油價高點是在1980年，其中石油價格波動的大起大落是在1971年到1986年，更湊巧的是，這段時期剛處於兩次石油危機期間，也是美國利率飆高的時期，最終由聯準會主席沃克（Paul Volcker）將利率拉回正常水準，且美國幾近完成利率市場化。

第二輪則是從1986年到2016年，很湊巧，剛好處在中國改革開放的期間。油價高點是在2011年，其中石油價格波動的大起大落是在1999年到2016年，更湊巧的是，這段時期剛好是中國加入WTO之後，經濟開始起飛的期間。

在這兩輪大週期期間，當時的美國總統雷根（Ronald Wilson Reagan）把油價拉低，時任美國聯邦準備理事會主席的沃克則將金融業引導至直接金融，這兩位人物的貢獻使美國國力大增，且此次的國力增強不僅限於工業，而是擴及至

財務金融。

這一段歷史彰顯了美國的強盛，美國是第一個發現電、第一個開發石油、第一個有電燈，及大量製造出汽車的國家，人類文明史上許多重要、具有影響力的事物，都在美國發跡。今日的美元仍是世界的貨幣霸主，美國在國際間扮演著舉足輕重的角色。從哈斐利畫作的年代背景，去看燈、馬車等元素，從中結合歷史經濟學的發展闡述，可讓單純畫作不再侷限於畫風門派、顏色型態、幾何作畫風格等觀賞面向，而是增添許多人文以外的科技與經濟歷史元素，無形中更提升了一幅畫作的價值。NPO的經營之道跟這個道理相似，也需要時時創造獨特的自我價值，才能無中生有，以獲取更多資源去完成使命。

從畫作思考NPO

油、電、電燈、汽車，這些看起來跟藝術創作不相干的事物，經由上述的衍生思考，是不是都跟哈斐利的畫作《聖米歇爾大道》及《聖奧古斯丁廣場》搭上關係了？只要我們能找出不同的思考角度，畫中的故事是講不完的。

所以，介紹一幅畫，單從藝術角度來看，受眾會比較少，但如果用不同的角度來詮釋，就會吸引很多不同背景的人，可能擴展至對工業、電機、工程甚或財務金融有興趣的族群。

本章節從一幅畫，導引到跟油、電相關的歷史背景，再

連結到為什麼德國可出產品質優良的汽車？再思考即使如此，為什麼德國仍然感到有很大的隱憂？有可能是那些內燃機引擎汽車馬上會被大環境給淘汰，所以必須要改成電動車（Electric Vehicle，簡稱EV），而EV最大的市場在哪裡？在中國大陸。這可解釋何以德國跟中國的關係會這麼友好。因此，一幅畫可以衍生出的思考面向其實相當多，包含：

一、哈斐利的《聖米歇爾大道》及《聖奧古斯丁廣場》兩幅畫作，除了可讓人享受感性的藝文氣息，你是否也理性地認識了影響人類生活甚鉅的電力與石油，是否藉此了解當時一些對人類貢獻卓著的歷史人物與他們的作品？

二、你是否體會了為何畫作中只有馬車，卻沒有汽車？當年電燈的發明傷了石油產業，但汽車的研發又救了石油，但時至今日為何說ESG（Environment, Social, Governance的縮寫，即「環境保護、社會責任和公司治理」）和EV會毀了石油產業呢？將來什麼東西會替代石油？最能引領潮流？

三、波瀾壯闊的兩輪石油價格波動大週期裡，美國出現了兩位在國力與金融方面引領美國邁向世界霸權的人物，他們各做了什麼而使貢獻如此卓越？對照當今時勢，這些事件帶給你什麼樣的啟發呢？

四、你還會想再聽類似哈斐利兩幅畫作所引發的電力與石油歷史，以及美國如何邁向世界霸權的故事嗎？

原來，一幅畫可以用不同的角度去觀賞，進而吸引另外一批帶有資源的人來聽、來看，如此一來就可以多些資金來源。NPO 在財務運作上可善用這樣的理性與感性思維，即使沒有投入半毛錢，卻能創造一億元的價值！

NPO 的資源皆來自社會大眾與企業的捐助，除了接受捐款，NPO 的內部也必須時時檢視自己獨特的專長與強項，利用不同的行銷方式展現專長，不斷提升自己的價值，才能募集更多面向的慈善款項，完成更多的任務與使命。綜言之，要具備感性的本質，並輔以理性的專才，NPO 的經營才易達到事半功倍的成效。

NPO 管理小語

NPO 必須與各專業緊密結合創造新局，才能持續打動人心！

—— 李賢源

NPO 之戀語錄

金錢在 NPO 中擔任什麼角色？

◆ 金錢是連結理性與感性的關鍵樞紐。

◆ 賺錢有益身心健康，可用一塊錢的捐贈，發揮兩塊錢的價值，並滿足三塊錢的需要，創造出最大價值。

◆ 使 NPO 能正常運轉，不再只是紙上談兵，讓關係能細水長流，將理想付諸行動。

Chapter 6

建立NPO的理念與使命

真愛難尋

NPO 之戀領航員

張舒眉

佳必琪國際股份有限公司董事長
非常木蘭創辦人

張舒眉董事長在三十年前由男性主導的科技領域中，白手起家創立了佳必琪，成為上市公司女董事長。2012年創辦社會企業「非常木蘭」，鼓勵女性創業、連結資源共享，是 Empower Woman 的創新型非營利組織。

專長 ｜ 經營管理、異業串聯、組織創新活化

興趣 ｜ 電影、藝術、文學

人生座右銘 ｜ It always seems impossible until it's done.
（凡事未完成前，它總看似不可能。）

《戀愛座右銘》

愛過總比沒有愛過好，勇敢踏出這一步，及早練習愛的能力！

張舒眉

關鍵字先修（keywords）：ESG（Environment：環境保護，Social：社會責任，Governance：公司治理）、CSR（Corporate Social Responsibility：企業社會責任）、尤努斯 Grameen Bank 鄉村銀行、The Big Issue 大誌雜誌、非常木蘭、社會企業。

扎根社會的 NPO

在進入 NPO 的領域前，我從長年經營企業的經驗中，培養出社會責任意識與專業知識。我認為企業與 NPO 間的交集，都在於為了追求美好的生活。近年來，許多企業開始意識到若單以獲利為目標，可能會對社會和環境造成負面影響，因此企業紛紛將 CSR、ESG 納入經營策略中，在營利之外，希望為地球的永續發展而轉型。

過去，NPO 吸引事業上有所成就或是財務獨立的企業家，他們有餘力去關心社會，以行善來回饋社會。現在，參與 NPO 做好事不再限於捐款，還包含了善意地有選擇性的購買、成為義工捐獻一己的知識及時間、集結眾人之力進行影響力投資等，每個人都能根據自己的能力，參與並為社會盡一份心力。

關於 NPO 所要處理的議題，我認為應該從自身、周圍或社會中急需解決的問題出發。世上有許多優秀的 NPO 便是從生活中汲取靈感，號召眾人並加入創意，完成那些原本看似難以實現的美好願景。以下介紹幾個例子。

銀行形式 NPO：Grameen Bank

諾貝爾和平獎得主尤努斯以創辦的「鄉村銀行」（Grameen Bank）[1] 聞名全球。這個銀行是微型金融的先驅，也是最早結合資本主義與社會責任的社會企業之一。我深深被這樣的理念所吸引，也因此受到激勵踏入社會企業。

鄉村銀行於 1976 年在孟加拉成立。孟加拉是極度貧困的國家，人民平均收入僅一兩百美元，家庭普遍面臨的困境是：父親的收入勉強糊口，孩子難以接受教育，母親想幫助家計卻苦於沒有資金。於是尤努斯創立銀行信貸，向婦女發放無需抵押擔保品的小額貸款。當這些婦女獲得一小筆資金時，她們可以透過購買工具賺取收入，補貼家用或創業，小孩因此能夠上學，為解決社會問題立下了基礎。

這樣的模式顛覆了傳統銀行的運作，體現社會企業家對「善」的經濟信念。許多金融機構紛紛跟進，臺灣的尤努斯基金會也於 2015 年在臺北成立，其理念可謂在世界各個角落遍地開花。

媒體形式 NPO：The Big Issue

年輕時我到倫敦出差，在地鐵站前從遊民手上買了街報

---

[1] 財團法人台灣尤努斯基金會｜https://www.yunustw.org/

《The Big Issue》[2]，閱讀後發現其內容豐富、編輯完善，我深受吸引。

《The Big Issue》於1991年在倫敦創刊，透過銷售刊物讓無家者賺取收入，幫助他們重拾自信。這種自助助人的獨特經營模式不僅在倫敦獲得廣泛認可，更為解決社會問題找到了嶄新的商業模式。

社會企業不僅可用商業手法運營，還能顧及弱勢無家者的尊嚴，幫助其重新建立自己的生活，同時亦結合了公益、文化和社會責任，此舉激勵世界各大城市仿效。2010年，《The Big Issue》在臺灣成立，為臺灣的社會企業領域帶來了新的活力。

我所創辦的社會企業「非常木蘭」與臺灣《The Big Issue》也有著緊密的關聯。雜誌內容涵蓋國際議題、商業趨勢、文化設計等，這些也是「非常木蘭」相當關注的議題。我們持續報導、記錄臺灣女性販售員的日常和生命故事，希望讓更多人理解並加入共好的行列。

愛的進行式：「非常木蘭」

在創辦「非常木蘭」之前，我因緣際會投資電影《艋舺》。這是我首次投資影視行業，純粹是想支持一位在影視

---

[2] The Big Issue | https://www.bigissue.com/

界耕耘多年的女性電影製作人。出乎意料的是，這部電影不僅票房亮眼，導演、演員也雙雙獲得獎項肯定，帶動了更多人關注臺灣的影視產業。這些喜悅超越了當初投資的回報，我希望能延續這樣的參與，為社會創造更多美好的循環。

回顧創業之路，女性經常是產業中的少數，要交流資源相對艱辛。如今，隨著時代進步，愈來愈多的女性創業者嶄露頭角，躍躍欲試的行動力令我萌生「Stand for Small」投資微型企業的想法，將自己和其他成功女性創業者的經驗，分享給有需要的人，即使最終未能帶來成功也沒關係，重要的是「善」會不斷循環、留存。

「非常木蘭」是一個鼓勵「社會創新與女力參與」的NPO，透過報導創業、創新的女性故事和傳遞正能量，我們提供一個資訊、資源和情感交流的平台給女性創業者，希望讓更多人勇敢追逐夢想，成就不同風貌的「木蘭」。

木蘭種籽 —— 花蓮鳳林的「美好花生」

「美好花生」的源起發生在花蓮鳳林小鎮。為了傳承媽媽炒花生的手藝，梁郁倫夫妻毅然放棄在臺北的藝術工作，回到花蓮。年輕夫妻從學習種植花生開始，堅持在地生產，不但使用有機農法，從種植、採收到挑選、儲存等都親力親為，創業同時也不忘回饋社區，邀請當地爺爺奶奶手工處理

花生，使每顆花生都因蘊含雙手的溫度而顯得益發珍貴。每每想到這對年輕人在創業道路上一步一腳印的堅持與踏實，以及他們與家鄉間的深厚情感，都令我感到非常開心和欣慰，也再度印證「美好的決定會使美事發生」這樣的想法。

木蘭種籽──臺灣女孩在倫敦 Aergo

來自臺灣的余欣樺（Sheana）是 2019 年英國女性創業家獎（Women in Innovation）的得主。她幼年時遭遇意外，摔斷了鎖骨，從此只能依靠單肩承受重量，也因此引發了脊椎側彎的問題。成年後，她就讀英國皇家設計學院，兒時經歷讓她深信設計應該要能解決人類問題，於是決定為行動不便的孩子打造一款能夠適應不同椅子的智能姿勢調整椅──Aergo。後來，她發現不僅身障族群有需要，其他人也有這方面的需求。對於這樣一個具有創新精神並希望能解決社會問題的創業項目，我願意投入關注和資源。

數位時代的進化與創新

身處數位浪潮中，如今的 NPO 不再只仰賴外界捐款，而是能透過自給自足的營運模式，以提供有價值的商品或服務，能更有效地滿足社會需求並擴大影響力至全世界，NPO 的多元與數位化可說已更上一層樓了，例如：

• 人道救助組織「Misereor」在國際機場設置了互動捐款裝置，成功促進人們對社會問題的認識，並有效提升了捐款。

• 英國的非營利組織「Conservation AI」利用AI驅動的監視器保護生物多樣性，首次實行即時偵測森林中的穿山甲，提前保護牠們免受傷害與威脅。

• 丹麥的非營利組織「Be My Eyes」開發了一款手機APP，讓視障人士透過視訊通話獲得來自全球各地志願者的幫助，此產品結合了科技和人際網絡，提供人們更好的生活品質。

從這些例子，我們知道，不論是企業或是NPO都在持續不斷進化與創新中。我創業的時候年僅28歲，對許多事情一無所知，但我勇於嘗試，堅持學習，這讓我有了深刻的體會——別因過度擔心而不願投入。有人說：「愛過，總比完全沒有愛過好。」即使在愛的過程中可能會受傷，也不一定會成功，但只要擁有熱情與勇氣，就有機會能成就美好的事。

延伸閱讀書目

《企業進化：兼顧獲利、社會與環境永續的B型企業運動》、《重新想像資本主義》、《大誌雜誌 The Big Issue》。

NPO 管理小語

經營 NPO 不能光有夢想，理念和計畫要能說明清楚，使人了解並感到信服，別人才會把資源交給你。

―― 張舒眉

NPO 之戀語錄

如何知道真的愛上 NPO 了？

◆ 失去時，會茶不思飯不想，感到悵然若失。

◆ 時時刻刻想念，會因為對方變好而感到快樂幸福。

◆ 就像談戀愛一樣，會有種莫名吸引力，驅使自己陷進去並不斷付出。

尋覓真愛過程，就像建立NPO理念與使命的旅途中也需結伴同行。

Chapter 7

NPO人力資源管理

愛情增溫劑

NPO 之戀領航員

陳威仁

行政院內政部前部長

陳威仁部長具備工程與都市計畫專才，行政資歷完整，一路從基層做到臺北市都市發展局局長、交通部次長、行政院祕書長、內政部部長等職，具備優秀的溝通及協調能力。長年關注並投入公益，擔任肝病防治學術基金會、慈濟慈善事業基金會、福智文教基金會等NPO之董事職。

專長 ｜ 都市計畫、土木工程、人資行政管理

人生座右銘 ｜ 付出，不一定會有收穫；不付出，一定不會有收穫。

《戀愛座右銘》
追求夢幻情人，心動就要行動！　　　　　陳威仁

NPO跟一般的事業不一樣，一般事業多以功名跟利益為重心，但NPO志業是非營利性質，投入其中除了可使人生充實有意義，也能幫助別人，既利他，也是另類的利己，可謂明智良善的選擇。

　　NPO如夢幻情人，投入NPO就像追求一個情人，心動不如馬上行動。所以，有了想法，更要有作法、有方法、有步驟，才能築夢踏實。

　　人生可追求的價值是很多元的，如蘇東坡《念奴嬌・赤壁懷古》：「人生如夢，一尊還酹江月。」以曠達之情面對人生；又如德蕾莎修女（Mater Teresia），終其一生只為貧苦人服務；也有像愛迪生，發明了電燈、留聲機等多達1093項的專利，造福現代人；還有當代的臺東陳樹菊阿嬤，她是一位平凡的菜販，卻把一生的積蓄捐給需要的人，成就了不平凡的慷慨。

　　司馬遷〈報任安書〉曾說：「人固有一死，或重於泰山，或輕於鴻毛。」佛教《金剛經》：「一切有為法，如夢幻泡影，如露亦如電，應作如是觀。」《莊子・知北游》：「人生天地之間，若白駒之過隙，忽然而已。」生命苦短，人生價值由自己創造。當我們有能力可以選擇時，可思考要成為愛迪生、陳樹菊，或是德蕾莎修女，這些選擇也決定了我們在這世上的價值。認識NPO，學習其精神，將有助於選擇人生的定位。

好的組織是成功的關鍵

NPO的定位

NPO或直接或間接彌補了政府較無法提供的服務，由於政府體制較龐大，要細緻且迅速地照顧到每一個人是不容易的，而社會上有許多亟需處理的議題，這就是NPO希望能夠著力之處。

NPO基於普遍性或特定性之公共利益，扮演著提醒的角色，能夠倡議社會改革與政府創新作為。NPO可以挑戰政府現有政策之正確性與周延性，提醒政府哪些事是需要改革的，哪些事應該特別注意。

NPO也可以從事一些專業性之研究，彌補政府在服務上不夠周延之處，或在專業上欲更深入探討的方向，專業領域的NPO甚至還可提供政府或民間相關諮詢。

找一個夢幻情人

臺灣有句俗諺：「找到好冤，卡贏做三十年的工；找到好某，卡贏拜三個天公祖。」意指找到好的對象，會帶來一輩子的幸福。我們常說，生命不在乎長度，只在乎寬度，能找到夢幻情人，彼此扶持成長，也是同樣的道理。

然而，什麼叫夢幻情人呢？我們必須理性予以定義。每

一個人可以有自己設定的指標，例如：好能力、好健康、好好看、好個性等。放在NPO上也是同樣的道理，我們要把自己定位在哪一個角色上去努力？可先界定一些指標，每一項指標下再設定小的指標，每個大指標跟小指標之間有加權比重，據此找到可能的人選以後，利用小指標予以評分，可以有質性和量化的評分，最後得出心目中可能的最佳人選。當然，最佳人選決定了之後，還要有執行計畫，如同成立NPO，要有「人」，也要有「錢」。

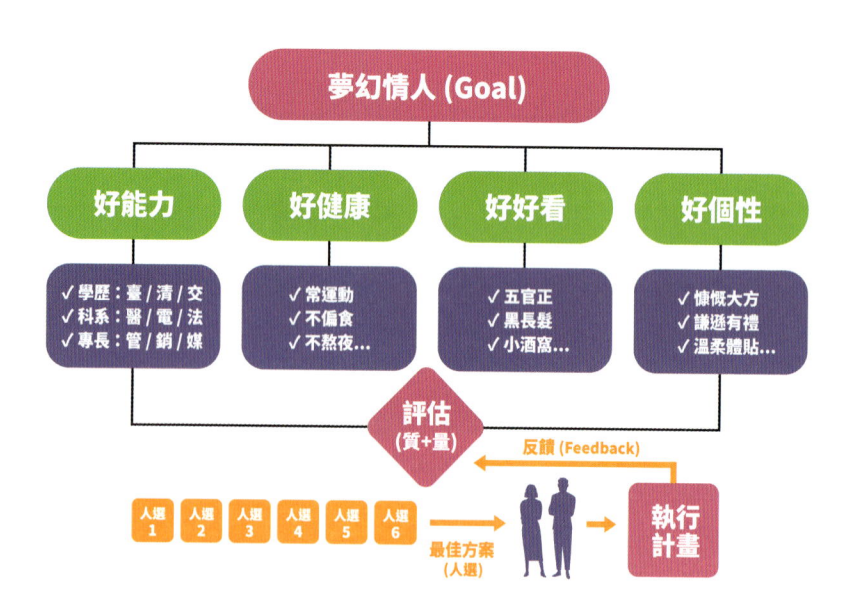

```
                    夢幻情人 (Goal)
        ┌──────────┬──────────┬──────────┐
      好能力      好健康      好好看      好個性
    ✓學歷:臺/清/交  ✓常運動    ✓五官正    ✓慷慨大方
    ✓科系:醫/電/法  ✓不偏食    ✓黑長髮    ✓謙遜有禮
    ✓專長:管/銷/媒  ✓不熬夜... ✓小酒窩... ✓溫柔體貼...

                     評估
                    (質+量)              反饋 (Feedback)
    人選 人選 人選 人選 人選 人選    →    最佳方案    →    執行
     1   2   3   4   5   6              (人選)           計畫
```

兼具理性與感性的決策

在決定夢幻情人人選的時候，需要兼具理性與感性的決策。

理性決策是運用科學系統做分析，也就是眼見為真，針對所面臨的課題進行「質量數據調查分析」，做理性判斷。透過客觀的數據，在系統內以歸納法下結論。可分為不同獨立單元就1至10分來評分，如左圖中的外貌、學歷、家世背景、健康等，依據每一區的評分再做比較分析。這種決定就是所謂的超理性。

感性決策屬於直覺判斷，是直接運用決策者的經驗或價值觀，在系統外做判斷。也可能依據單一因素做主觀決定，如左圖中的身材、身高、臉型、笑容、酒窩、頭髮等。有些人會根據經驗法則來連結某種外貌條件和個性之間的關係，這就是感性決策。

一般我們做決策時，「感性」跟「理性」只是成分上的不同，並非各自完全獨立，因為像在做理性決策時，也還是有加權比重的問題。

接著，針對欲達成的目標來擬定計畫，包括：（1）界定成功之關鍵項目；（2）擬訂各項目之評估細項；（3）評價個別執行計畫之效益與效能；（4）回饋修正計畫目標與執行計畫。

NPO成員組成與分工

NPO的組成

NPO的組成要件,包含人和組織,成員大致可以分成三部分:董事會、專職人員和義工。相關成員的定義如下:

• 董事會:扮演決策者的角色,任務包括決定重要決策,甚至募款。

• 執行者:包括執行長、專職人員、義工。

• 財政支持者:亦即捐助人,可以會員或董事的身分來呈現。

• 監督者:包含董事會、政府主管機關和社會大眾與媒體。

也許大家會好奇:「NPO在做好事,為什麼政府要管?」

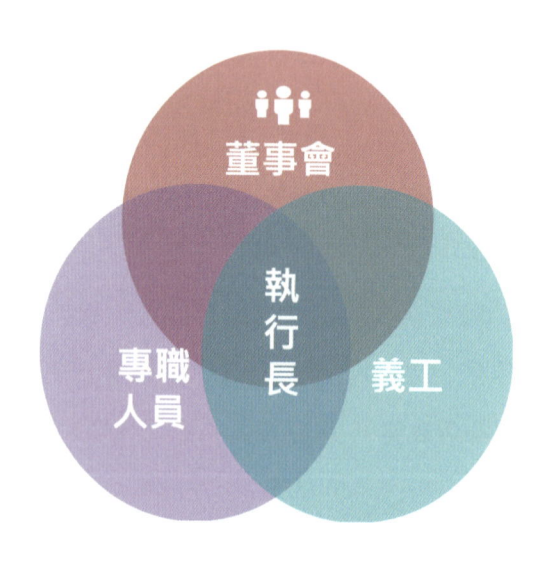

雖然公益組織屬民間組織，政府理應尊重其運作，但是因為公益組織的資金主要來自社會大眾，人民捐贈給財團法人的錢是可以抵稅的，所以政府基於監督的立場，必須檢視NPO是否有按照設定的計畫目標，公正地使用這些捐助資源且沒有徇私，社會大眾基於同樣的立場也應該要監督。而董事會則要對組織的所有人和社會大眾負責，因此也要有內控的機制。

NPO的職責分工

決策者：董事會

按照現行規定，董事會[1]由5～25人組成，其職權與責任依捐助章程規定，每屆任期不超過四年，董事及監察人均為無給職。董事會就如同人的大腦，是NPO運作成功的關鍵。身為NPO的大腦，須有政策方向、募款能力、偉大理念，能洞見問題，並知道組織的核心價值。

執行長與專職人員

董事會人數不多且可能是兼職人員，NPO若要順利運作，最重要的是須有執行長與專職人員，其任務包括：(1) 工

---

[1] 法務部財團法人法規資料庫 | https://reurl.cc/jW0zeD

作企劃；（2）與董事會、政府主管機關及義工進行協調溝通；（3）認同NPO核心價值。

一般公司對專職人員的考核通常可能有幾個方法：升遷、調薪或調動工作地點。而NPO的管理與政府機關或公司企業最大的不同，是員工必須對NPO核心價值有高度的認定，才能真誠地投入工作，此為員工晉用的重要因素。

執行者：志願工作者

NPO要做得成功，義工的力量功不可沒。要如何徵求義工？一般來講大致有幾個步驟：（1）廣宣公益理念；（2）尋覓認同NPO理念的個人或團體；（3）激發加入義工或合作夥伴的意願；（4）為有意擔任義工者辦理相關訓練、觀摩或實習；（5）正式編入義工團隊，並指派工作；（6）定期或不定期進行溝通對話，鞏固義工信念與提升效能。

以義工角度來看，參與NPO可以滿足個人成就感，是志業，也是事業發展。當他認同NPO的理念，進而詢問要如何加入？如何參與這個工作，是要透過捐錢、捐時間或其他的捐助？慢慢地，NPO就可以在這過程中找到合適的合作夥伴。

義工與員工在組織中各有不同特質。義工人數較眾多，他們多半是為了實現理念且樂於奉獻，與組織形成夥伴關

係，是一彈性組織。員工人數則有員額限制，以完成組織任務為主，屬雇用關係，是為制式組織。

NPO 人力管理策略

一般人力資源管理原則，其內涵不外乎人人有事做，事事有人做，達成組織目標，提升員工自我成就感，不斷適應時空環境變化……但這在NPO不見得完全適用，因為NPO的人力管理除了需注意能與組織目標配合並適時調整，還要能掌握全觀性、整合性、功能性及機動性。

在NPO的人力管理上，要能明白義工是骨幹，他們不靠利益激勵，而須對他們闡揚理念，強化其意願，方能從增強願心，進而化為行心。要讓義工清楚組織的理念，他們才會願意心甘情願地付出。

NPO執行長不是長官，而是專職員工，與義工是夥伴關係，並非上下屬關係。執行長需擔負組織核心價值跟工作理念的維繫。

一個成功的NPO，苦勞與功勞的承擔與分配要取得平衡。有功，義工優先；有過，NPO職員幹部承擔，這是很重要的觀念。因為，義工是NPO很重要的資產。

核心價值是NPO永續發展的關鍵

　　NPO成員是理念相同的工作夥伴，以追求彼此認同的公益使命為目標，而非謀求私利。NPO執行計畫應隨時因應環境需求而調整，並重視義工們的回饋意見，故NPO的管理除了要建立制度，更應重視溝通與相互尊重。

　　NPO與政府及一般公司企業最大的不同，在於其組織彈性較大，可依需求做適時的調整，義工人數或力量亦可不斷擴增。

　　一般公司要擴展，需有資本、有空間、有廠房等條件之限制，但NPO只要能運作得好，組織便可無限擴編，讓力量無遠弗屆。例如，世界各地都有世界展望基金會，有很多義工及捐助者；又如慈濟慈善事業基金會有250萬名會員，遍布在99個國家。

　　讓我們回到初衷，思考自己的人生定位，要投入NPO或在一般公司賺取功名利祿，都沒有絕對對錯，端看個人選擇。但在NPO裡會感受到不一樣的成就，那是一種受人尊敬的價值感，日後回顧會因助人及受人敬重而感到欣慰。

　　決定投入NPO，把它當成志業，是人生中很重要的選擇。要成就一個好的NPO，需要把目標明確化，思索要做的事，是否為社會所需？該如何執行？有沒有能力去實踐？這些都須經過確認及理性思考，並擬定計畫，善用組織力，

不斷修正、調整，確保有人、有錢、有計畫，才能實現志業目標。

跟追求夢幻情人的道理一樣，擇定目標前，心裡要先將對象的樣子具體化，從人海中找到符合理想的目標後，善加規劃、運用組織力去追求，才能事半功倍。

慈濟有所謂的「粽串精神」，證嚴法師把慈濟志業比喻成一串粽子，粽頭是法脈，粽繩是宗教處（也就是NPO的專職人員），可將證嚴法師的想法往下傳遞。粽葉是義工，粽料是社會點滴愛心與資源。而粽子要提供給誰吃呢？給需要的人。就如同NPO董事會所界定的核心價值，透過執行長跟專職人員的聯繫規劃，粽子要包甜的或鹹的，要做幾個，都需事先規劃。募集粽料以後，義工再把它包成粽子，送給有需要的人。上述例子顯示，董事會、執行長與專職人員、義工，三者宜分層負責、運用組織力，便能共同完成目標。

追求夢幻情人的教戰守則

要追求夢幻情人，首先要有目標情人，也就是須設定喜歡的理想類型。接下來是訂定評鑑指標，例如學歷、能力、外表、個性、健康、職業等。然後要有行動方案，亦即要擬定實踐方法，透過執行計畫，不斷回饋、修正、改善，如此方有機會將目標追到手。

追夢幻情人之教戰守則

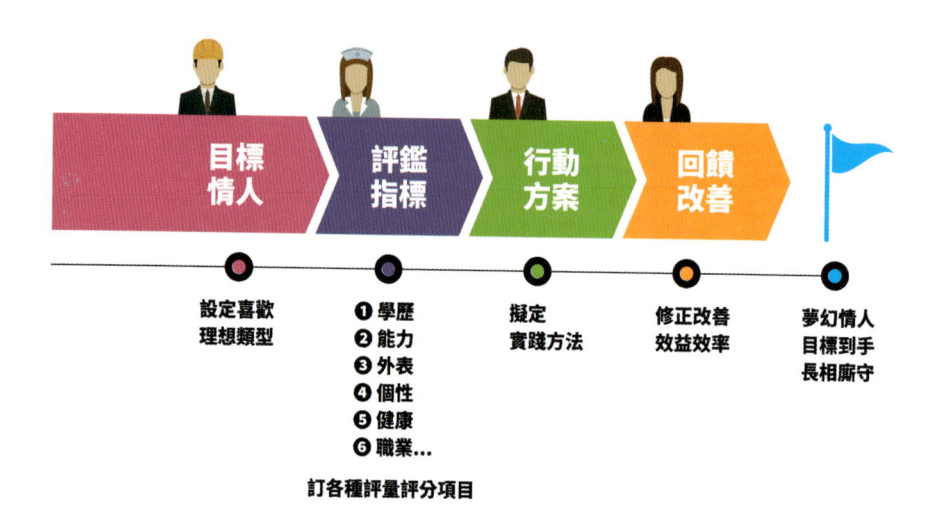

目標情人 → **評鑑指標** → **行動方案** → **回饋改善**

- 設定喜歡理想類型
- ❶ 學歷 ❷ 能力 ❸ 外表 ❹ 個性 ❺ 健康 ❻ 職業...
訂各種評量評分項目
- 擬定實踐方法
- 修正改善效益效率
- 夢幻情人目標到手長相廝守

　　NPO跟一般公司企業不同，規模再大的企業，其人力財力都是有限的。但NPO的規模無限寬廣，能化有形為無形，最高的境界是將NPO理念融入每個人的心裡，讓每個人都可以是義工，所以NPO具有滲透力量，這樣的目標是一般公司不容易做到的。故能夠結合志同道合的個人或團體，一起打造公益社會，就可以成就無限可能。

　　臺灣現在有成千上萬的NPO，有的做得很好，但也有一直沒沒無聞，做不起來的，為什麼呢？可能其設定的目標喚不起社會共鳴，或是工作計畫及方法不夠好，所以得不到資源支持，其理念便無法實現。此時可用前述的教戰守則來

檢視目標及行動方法，不斷回饋修正計畫和目標，才能實現NPO的理念。

可用下列例子來看看NPO的理性與感性決策之步驟，例如：如常法師欲推動有機栽培，這個使命最主要的訴求是，避免農民使用大量農藥而造成地球上的汙染，並關注消費者的飲食健康。一開始執行各面向的策略時，可能會遇到「農民」不懂栽植技術，而致產量低、銷售不好；或是「承銷商」覺得有機栽培的成本高，明知這對地球友善，卻是心有餘而力不足；還有「消費者」的問題，可能會認為有機栽培的食品較昂貴，且缺乏對有機栽培或農藥毒害的正確認知等。針對這三個面向，可以列出所有會影響決策的步驟，考慮各種方案後做出選擇以完成目標，並用最低成本的效率來選擇最可行的方案。

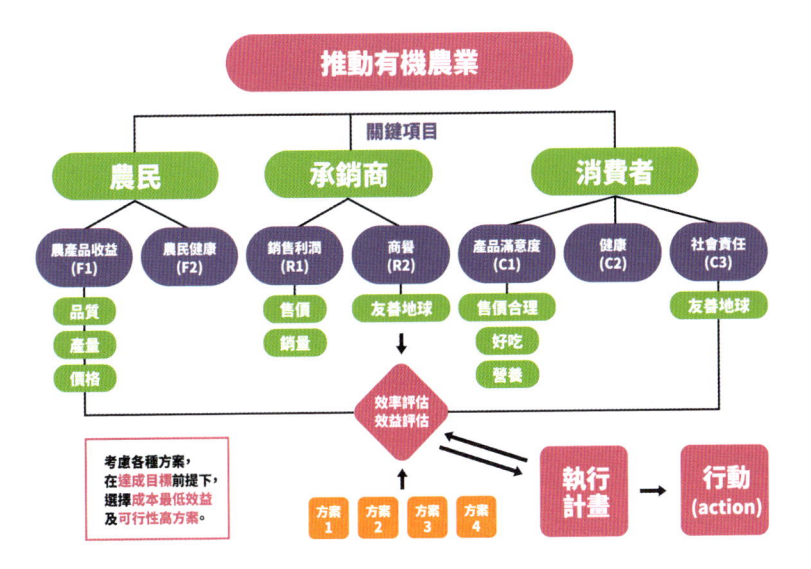

最後的決策方案是成立慈善有機農業基金會,教導農民如何栽培、取得認證,並成立銷售有機產品的通路,例如和「里仁商店」合作,同時鼓勵佛學研究班的學員除了學習健康議題,更要加入保護地球及生命價值的課程。這個例子以系統性、邏輯高的決策步驟來解決繁雜問題,達到多贏局面。由此可知,投入NPO的第一個步驟就是要選定心目中的夢幻情人,亦即選擇適合自己的公共議題,接著擬定策略與方法,以利追求目標。

NPO管理小語

有了想法,更要有做法,才能築夢踏實。

―― 陳威仁

NPO之戀語錄

如何追到夢幻情人(NPO)?

◆ 不求回報,勇敢去愛,方不留遺憾。
◆ 百分之兩百的努力,加上一點運氣與完整的行動策略方案。
◆ 真心付出,努力追求,相信誠意感動天,滴水終能穿石,夢幻情人一定能成功追到手。

追求心儀的NPO對象，除了策略，還要有方法，不只心動，更要行動。

Chapter 8

NPO領導角色

愛的胸懷

NPO 之戀領航員

許金川

國立臺灣大學醫學院名譽教授
肝病防治學術基金會董事長

許金川教授行醫多年，為全世界以超音波診斷小型肝癌之先驅，致力於肝病研究與治療，挽救許多肝苦人的生命。與恩師宋瑞樓教授等創立了肝病防治學術基金會、全民健康基金會和好心肝基金會，結合社會愛心力量，共同推動肝病篩檢與學術研究、健康知識宣導，並傳承恩師視病猶親的精神，創立非營利的好心肝門診中心，照顧全民健康。

專長 ｜ 內科學、肝臟學、超音波醫學

人生座右銘 ｜ 成功之時，莫忘初衷。

《戀愛座右銘》
齊家、治國、平天下，從兩性相處的經驗中學習管理。

許金川

為什麼要有「頭」？

在談非營利組織領導角色這個主題之前，先跟大家分享一則小故事。一匹馬即將被屠夫殺掉，馬在面臨生死存亡的關鍵時刻，突然下跪求情，屠夫見狀果然放了牠。所謂「惻隱之心，人皆有之」，一個好的NPO領導人物，必須要有惻隱之心，希望大家也能將與生俱來的同情心發揚光大，這是此書與這門課程要分享NPO領導角色的初衷。

領導角色就是組織裡的「頭」，為什麼要有頭？如同粽子頭一樣，如果頭不在，底下就會群龍無首。古諺有云：「齊家、治國、平天下。」一個家裡也有一個「頭」，不論是夫或妻，從相處、摩擦的經驗裡，就可以學到很多管理的學問，因為家庭和睦之後，才有精力去衝刺事業。也就是說，治理國家、管理天下都要從「齊家」開始，所謂「家和萬事興」正是老祖宗流傳千古的智慧。

一個組織要有領導人物，就如同國家要有總統，學校要有校長，班級要有班長，《孫子兵法》36計中的第18計就提到，「擒賊先擒王」，因為領導人物就是組織的命脈。

舉個例子，第二次世界大戰期間，日本海軍大將山本五十六策劃偷襲美國在夏威夷珍珠港的海軍基地，此舉造成美國損傷慘重，令美方相當震怒。1943年，山本五十六前往太平洋小島視察途中，其電報密碼被破獲，美軍派了十六架

戰鬥機在空中攔截，山本五十六在座機裡遭到擊斃，日本海軍士氣因此大受打擊，乃至節節敗退。這印證了軍事謀略裡「擒賊先擒王」的道理，一旦組織被除掉「頭」，就會導致群龍無首。

想當頭頭老大，是人跟動物的天性，只是每個人欲望程度不同，例如選舉期間那麼多人出來競選，希望為民喉舌，這也是一種想當頭頭的天性。前陣子臺灣電影《周處除三害》在中國大陸市場大賣，票房高達新台幣數十億元，故事架構就是敘述男主角希望自己當老大，「人死留名」要被世人記住。透過這個故事可知道，「喜歡當老大」是人們的天性。做一個NPO的領導人物，假如了解人的天性、知道這個道理之後，就比較容易推動組織的發展，達到所想要的目的。

NPO領導人的十八般武藝

政治、企業、非營利組織等機構都有領導人，有了「頭」，才有辦法運作。大致可分三種來看，一種是政治人物，例如總統、縣市長、立法委員、縣市議員；一種是企業界的領導人物，例如台積電創辦人張忠謀或是自己開公司當老闆的人；第三種就是我們講的非營利組織，它存在的目的不是為了自己賺錢、不是為了私利、不是為了個人的其他目的，而是為了社會的進步，對社會的關懷，及對民眾的關懷。NPO也需要有一個頭，有了頭以後，發揮的力量才會大。

NPO領導人與非NPO領導人有什麼不同？NPO領導人主要為了公共利益，為了他人著想，會把對人跟對動物的同理心發揚光大，觀察社會有什麼需要幫忙的地方，因此成立NPO。但非NPO領導人的出發點多半是為了個人，為了企業，為了政治，會想做出一番事業。

要注意的是，沒有愛心及仁心的領導者會為組織帶來不好的後果，尤其是政治領導人如果沒有愛心，他對國家社會、甚至全世界的破壞與影響力是相當可怕的。NPO領導人與非NPO領導人是不一樣的，NPO領導人的出發點是利他的，手段是和平的，透過和平方式來助人，所以不會為了救人的目的而去殺人。

每個人除了與生俱來的「為己」基因，骨子裡還是有「為他人著想」的部分，必須把「利他」的觀念發揚光大，才能做好一個NPO的領導人。一個理想的NPO領導人必須具備「十八般武藝」，身上具有的特點愈多，成功的機率就愈大，NPO領導人的十八般武藝包括：

一、有理想：NPO領導人必須要有理想，例如成立流浪貓、流浪狗的收容所；關懷獨居老人；打造臺灣成為一個藝術之島。又如肝病防治學術基金會的理想就是把臺灣打造成一個「沒有肝病」的國度。

二、有個人魅力：NPO領導人要有魅力、親和力，要讓

別人願意跟隨著你。

三、有群眾魅力：NPO領導人面對群眾的時候，必須要有群眾魅力。

四、有智慧：NPO領導人必須要有智慧，才能帶領NPO。智慧怎麼來？有時候是天生，有時是靠後天學習，或是跟他人請益，有時候則是從做中學。

五、有慈悲心：NPO領導人必須要有慈悲心，我們每一個人與生俱來都有慈悲心，只是有時候慈悲心被淹沒了。假如可以把慈悲心發揚光大，眾人就會被感動，就會願意追隨服從。

六、有謙卑心：NPO領導人必須要謙卑，如果我們看到一個人很高傲，會容易產生反感，不會去追隨。就如同楊柳樹一樣，長得愈高，反而愈低垂，一個人的高度愈高，也要愈謙卑。謙卑的時候，別人才願意跟我們接近。

七、有利他心：NPO領導人要有利他心，了解我們所做的事出發點都是為別人著想。

八、有使命感：NPO領導人必須了解自己想要做什麼，必須要有使命感。

九、有遠見：NPO領導人要有遠見，要做到「別人還沒有想到，我就預先想到」。

十、有包容心：NPO領導人要有包容心，能夠包容屬下

或他人的錯誤，因為「人非聖賢，孰能無過」，不要因為對方的一個小錯，就開除他或處罰他。

十一、有體貼心：NPO領導人要有體貼心，要能體貼下屬、體貼他人。

十二、有善心：NPO領導人要有一顆善良的心。

十三、廣結善緣：NPO領導人要能廣結善緣，能邀請別人一起完成使命，讓遇到的人都願意跟你談話，都願意加入組織，願意跟你一起工作。

十四、了解人性：NPO領導人要盡量去了解人性，人性是最難通透理解的學問，如果能理解人性，我們將一輩子受益。

十五、會募款：NPO領導人必須要會募款。臺灣大學校長陳文章，以前曾擔任臺大工學院院長，他是臺大有史以來最會募款的校長，令人佩服。

十六、無私心：NPO領導人不能有私心，所做的一切必須為了別人，如果是為了自己，就像把拿到的錢放到自己口袋，這樣別人是不會服氣的。

十七、懂得感恩：幫助別人的人，事實上他的內心都是希望得到被幫助者的肯定，我們幫助了一個人，心裡也會想要對方肯定我。「為善不欲人知」當然是一個很高的道德標準，但有時內心免不了會出現一些聲音：我對他那麼好，他

怎麼沒有感謝我？他怎麼還對我口出惡言？這些想法出現，就會令人感到不愉快，所以我們要懂得感恩以化解這個不快，講「謝謝」也好，寫卡片也好，或是用行動感謝對方的幫忙。

十八、身體要好：NPO領導人的身體要好，這也是最重要的，假如沒有健康身體，一切都是空談。

NPO領導人要了解人性

做好一個NPO領導者的基本要件，就是要了解人性，前面提到人性是很難了解的，可能是一輩子的功課，但如果能理解人性，我們將一輩子受益。我們常常以自己為中心，像是有些人讀臺大，可能從小備受疼愛，由於功課好、很聰明，成長一路上常被稱讚和羨慕，因此就比較容易「自我中心」。我聽過很多企業家說他們不用臺大畢業生，為什麼呢？因為部分臺大畢業生的合群能力可能不太好，不會考慮別人，不會換位思考。不管你是為了自己的企業、為了NPO，都要將心比心、換位思考，若能了解他人的行為，就比較不會生氣，能做出最適當的回應與處置。這是一個人成功的要件。

我們小時候讀書，經常讀到「人之初，性本善」，孟子也主張「人性本善」，所以我們生下來就是善良的，就會懂得孝順父母，懂得幫助別人。但是荀子又說「人性本惡」，到底

誰對誰錯？事實上，兩個人都對。之前曾提到馬即將被屠夫宰殺，卻突然跪下來求饒，此時屠夫的惻隱之心油然而生，最後就把馬給放了，這是「人性本善」；或者看到路邊有人跌倒，我們扶他起來，這都是人性本善的顯現。另一方面，假如有天我們搭捷運或坐公車，看到車子有空位，我們會趕快去搶位子，這是「人性本惡」。可是當發現跟我們一起搶位子的那個人是朋友或認識的人以後，可能最後兩個人都不坐了，讓座位空在那裡，這時候「人性本善」的部分又浮現了。

此外，人性有很多的欲望，包括食欲、色欲、錢欲、物欲、占有欲、排他性、領袖欲、成就欲等。有些是天生的，是上帝造人時就在我們腦袋植入的基因密碼或先天機制；有些則會帶來成就感（如領袖欲、成就欲），讓人感到快樂。一些人會用不正當的方法來滿足或彌補內心的欲望，這有可能是先天因素，也可能是後天造成，人性的基因若到達一定極限，就可能會做出傷風敗俗的事情來。如何讓欲望成為行事的助力，而非阻力，這些都是領導人要去了解的地方。

當一個領導人物要讓人服從有兩種方法，一種是「以德服人」，用德性來感召人；一種是「以力服人」，用霸道來讓人臣服。雖然企業界裡有時候必須霸道，因為打造那麼大的企業組織，必須要有制度規章，領導人有時候必須霸道，才有辦法管理員工。但是在不以營利分潤的NPO裡，一定要

「以德服人」，如果用霸道，就容易失去他人的尊重及對組織的認同。

領導人物號召民眾的方法

成功的NPO領導人要能號召群眾，他的理想、思維和遠見要能感召他人，這樣才能帶領一群人完成組織願景。領導人的號召方式大致有下列幾種，且可因人、因時、因地制宜，善加運用：

一、感性訴求：運用感性的訴求，來感動人心、引起同理。比如看到獨居老人的處境會引發我們的同情心，我們會進一步想去幫助他；一個領導者發表言談的時候，如果大家都喜歡聽，就表示大家被影響、被感召的機會比較大，所以講話是一種影響別人很重要的方式，如：證嚴法師為NPO領導人物的典範，她二十幾歲出家，到現在慈濟的信徒已遍布全世界各地。她所創辦的慈濟慈善基金會從「救貧救困」開始，至今已發展為四大志業。她曾說：「只要我們人人方向篤定，經過了時間、空間，人與人之間總有一天會成就我們的心願。」證嚴法師講話不疾不徐，聲音及音調剛剛好，讓人沉浸在她的想法裡，被她深深吸引，這是一種領導人的魅力。證嚴法師幾十年來一直堅持她的志向，用自己的方式從感動身邊的人開始，慢慢成為影響力相當大的領袖。她在

2011年更獲得《時代雜誌（TIME）》選為該年度全球百大最具影響力的人物之一。

二、理性說服：如果對象是知識分子，以理性說詞來號召較容易被接受，把話說清楚、講明白，而不會流於呼口號或激情仇恨。如：聖嚴法師擅於行銷佛學精神，短短二、三十年間，法鼓山自成一家，成立財團法人從事社會教化、心靈輔導及關懷弱勢等公益活動。法鼓山著名的禪修，其觀念是先幫助自己認識自我，然後肯定自我、成長自我，進而體會到並沒有一個真正的我，所以能夠放下執著，消融自我。

三、宗教力量：宗教可以慰藉人心，由於信徒眾多，故具有龐大的正向力量，好的宗教領導者可以幫助很多人，但也要避免有心人假借宗教之名來為非作歹，如：美國2001年發生911恐怖攻擊事件，伊斯蘭教極端組織「蓋達組織」發動自殺式攻擊，十多位恐怖分子劫持民航機衝撞紐約世界貿易中心雙塔及國防部五角大廈等，造成數千人傷亡；以巴戰爭雙方糾葛千年的歷史、種族與宗教的愛恨情仇，讓以色列與巴勒斯坦間的衝突死傷不斷。宗教戰爭所引發的破壞力與影響力十分巨大。

四、悲情呼喚：在選舉期間，悲情呼喚是常用的催票策略。人性本善，同理心乃與生俱來，可訴諸悲情來喚起人們對弱勢的關懷。

五、熱情號召：政治選舉中也常用激情號召方式，透過熱情口號把大家群聚起來，就像每次選舉造勢場合，候選人經常會對選民激情大喊：「按捏好不好？」這就是熱情號召的運用。

　　六、激起仇恨：利用階級對立或刻意激起群眾的不平與憤怒，進而達成自己或組織的目的。

　　領導人要能拿起麥克風就會講話，拿起筆來就會寫文章，才容易把想法傳遞出去。號召群眾的方法還可以透過音樂或呼口號來達到目的，以前軍隊會吹「軍號」，士兵們聽到口號、喇叭的嘹亮聲音就知道要準備打仗了。另外，網路時代來臨，宣傳號召群眾也要運用新媒體AI的力量，例如網路上流傳一個影片是佛祖神像配合AI口白說話：「不要傷心和難過，你失去的任何東西，老天都會以另一種方式，一分不少地還給你。」

　　所以當一個領導人也要學習AI新科技，必須要跟著時代前進，不然就容易被淘汰。

成功領導人的必備條件

　　所謂「他山之石，可以攻錯」，古今中外有許多成功領導人的案例，可做為NPO領導人的學習典範。他們能成功領導組織，大致具備了以下幾個條件：

具有遠見

臉書（Facebook）創辦人馬克・佐克柏（Mark Elliot Zuckerberg）很早就洞悉資訊產業與網路發展的趨勢，他相信人跟人的互動與連結會隨著時代而改變，其所創設的Facebook（2021年10月28日宣布改名為Meta），最終成為全球最大的社群網路。

特斯拉（Tesla）電動車創辦人伊隆・馬斯克（Elon Musk）是跨科技界與商業界的奇才，他非常有遠見，很早就知道透過汽油、燃料來發動汽車的年代終將過去，未來會被電動車取代，所以他把認知化為實踐，成功開發了Tesla電動車。此外，他也開發太空飛行器，或許有一天「太空旅遊」會成真。另外，馬斯克還創辦了Solar City（綠色能源）、Starlink（星鏈）、Neuralink（腦機接口）、Model PI（手機）、Hyperloop（超級列車）、Boring company（快速通道）。

馬斯克非常聰明且有毅力，讀了很多書，具備識見及技術，例如2002年他創辦了Space X（太空探索技術公司），這是美國一家民營航太製造商和太空運輸公司，其目標是降低太空運輸的成本，讓火箭發射後、再回收利用，最終進行火星殖民。

台積電被譽為臺灣的護國神山，創辦人張忠謀先生在創立台積電時，敏銳地看見晶圓代工的前景，他堅持理念並善

加管理,使台積電成為世界矚目的焦點。一個好的領導人必須要有遠見,張忠謀曾提出一個好的領導人必須具備五大特質:

一、要有正確的價值觀:企業要幫助社會進步,必須用正當手段來賺取利潤,不能危害別人。

二、獨立思考,終身學習:我們在學校只有學到一點點,但出了社會之後,隨著時代的進步,我們必須終身不斷地學習。

三、良好的溝通能力:我們跟客戶接洽必須要有良好的溝通能力,且態度絕對不可以自傲,也不能自卑。

四、豐富的國際觀:這是個全球世界,我們不能只著眼臺灣,還要放眼全世界。

五、涉獵專業以外的知識:只有專業是不夠的,因為這個社會很多不同領域都會慢慢融合,所以當一個領導人物要學習的東西是很多的。

張忠謀分享自身經驗,強調「人才循環」的重要,希望年輕人應該多看世界、懂得謙卑(modesty),不要以為考上臺大,就好像是一生的巔峰了。因為比大學教育更重要的是「世界觀」跟「謙遜」態度,人外有人,外面的世界永遠有比我們更能幹的人。所以NPO領導人要學會謙卑,這樣才能像海綿一樣不斷汲取各方知識與智慧。

要會溝通

溝通有很多方式,包括:面對面溝通、寫信溝通、打電

話溝通、發簡訊、以通訊軟體對話、託人轉達、隔空喊話等。假如要送禮給長輩或想跟人請益,最好的方式就是「面對面」親自拜訪,因為這是最有禮貌的。如果距離太遠,也可以寫信,打電話就更次之了。寫簡訊或透過通訊軟體的溝通方式,很容易出現解讀上的問題,造成誤會;託人帶話或在臉書上發文隔空喊話,這些也都容易造成誤解。所以如果真的有很重要的事情要溝通,切記最好要當面講清楚,因為見面三分情,伸手不打笑臉人。

除了面對面溝通,「稱呼」的藝術也非常重要。例如:可以叫「妹妹」的,就不要叫小姐;可以叫「小姐」的,就不要叫阿姨;可以叫「哥哥」的,就不可叫阿伯;可以叫「帥哥」的,就不可叫先生;可以叫「大哥」的,就不可叫歐吉桑。

某日一位病人來看門診,對方看起來七、八十歲,外表看起來比我老,看診的時候我一直尊稱他「歐吉桑」,沒想到看完病,對方打開門要離開診間時,卻突然對我破口大罵:「明明年紀比我大,還叫我歐吉桑!」這就是人的心理,叫他「大哥」就可以了,他就會很高興。所以我們在搭計程車的時候,看到運將,我們跟他打招呼說「司機大哥,你好!」他就會很高興。

說服別人時也要注意對方感受,尤其對方年紀比你大、職位比你高,或者他自尊心很強時更要小心,千萬不要以「我

跟你說，你這樣是不對的……」開頭，這很可能會傷了對方的自尊心，引起反彈。所以說服別人的時候，一定要用「排球殺球理論」，要殺球之前，一定要先把球托高，球才殺得過去，才不會觸網。同樣地，我們要說服一個人，要先稱讚他、肯定他，「你這樣做很棒，辛苦了。我有一點小小建議，你參考看看，如果不對，請多包涵……」就像殺球一樣，他先被捧高起來，你再用力殺球過去，才不會觸網，這樣你的目的就達成了，他也會欣然接受建議，記住這個，一輩子受用。

演講是讓別人了解你想法最好的方法，阿里巴巴集團創辦人馬雲的口才非常好。馬雲曾說過：「演講非常之重要，優秀的演講是靠他的思想來決定的，你思想再好，你不能表達是沒有用的；有的人不會表達，其實就是沒思想。」

馬雲的人生智慧是「做事情不要只有考慮自己，而是要三贏，別人贏，我們贏，客人贏！」比如做生意，生意跟別人合作，不要只有你賺錢，跟你合作的對象、客戶也要賺錢，然後讓消費者也覺得這個東西很好。

微笑魅力

做一位領導人物，擁有個人魅力是很重要的。其中，「微笑」就很具代表性。文藝復興時期畫家達文西（Leonardo da Vinci）的世界名畫《蒙娜麗莎的微笑》，畫中的神祕主角蒙娜

麗莎便以微笑著稱，她內斂的眼神及上揚的嘴角非常迷人，看過這幅畫的人都深深被微笑裡所散發出的個人魅力所吸引。

面對媒體各種刁鑽問題，許多政治人物或演員都可以高情商、機智反應與微笑應對，總讓許多人佩服不已，當一個領導人要有魅力，最重要的是要有笑容，笑容要發自內心，而非皮笑肉不笑。「微笑」這種個人魅力能使領導人更具親和力，可拉近與追隨者之間的距離，進而能發揮感化他人的力量。

保持幽默

「幽默」也是成功領導人的要件之一。美國第40任總統雷根（Ronald Reagom）的幽默感與溝通能力舉世聞名，他在1989年1月即將卸下第二任總統任期時，既感傷又幽默地對白宮裡的一隻貓說：「貓啊！貓啊！我做了八年總統，要離開白宮了，還是你比較好，永遠都不用離開白宮啊！」1981年3月30日雷根遇刺送進醫院，手術前，共和黨籍的雷根還幽默地詢問開刀房醫師：「你是共和黨員嗎？」據說，雷根出院後還去監獄裡面探視刺殺他的人，展現了包容寬大胸懷。

號召群眾

成功的領導人要有「號召群眾」的能力，「口號」是號召群眾取得共識的基本要素。美國的第45任總統川普（Donald Trump）擅長演說，"Make America Great Again"（讓美國再

次偉大）是他號召群眾的口號,這引起了廣大白領階級的共鳴。美國第44任總統歐巴馬（Barack Obama）也擅長以口號號召群眾,他最常說的是"Yes, I can......Yes, You can......Yes, We can！"他永遠笑容滿面,非常有親和力與感染力,誠懇與人溝通,具有群眾魅力。

國父孫中山先生也是具有號召群眾能力的代表性領導人物,他到處奔走演講,將理想抱負化為行動,許多年輕人受到感召,進而跟隨他加入革命行列。國父遺囑寫到：「余致力國民革命,凡四十年,其目的在求中國之自由平等。積四十年之經驗,深知欲達到此目的,必須喚起民眾及聯合世界上以平等待我之民族,共同奮鬥。」這是很有號召力的口號。

臺灣大學陳文章校長,是臺大有史以來最會募款的校長,為了迎接百年校慶,他喊出「百年百億規劃」的口號,幫學校募集百億經費。陳校長很有親和力,很會替別人著想。他在當工學院院長時,注意到文學院的宿舍太過老舊,因此就想辦法募款來幫忙文學院改建校舍,這就是一種「利他」想法。

在NPO裡,靠一個人的力量是不夠的,NPO一定要結合義工的力量。義工經常不支薪,還犧牲時間,甚至自掏腰包來幫忙,他們在非營利組織裡面是很大的一股力量來源。我們對待義工,要用真誠感動他們,領導人假如只為了自己的利益,當然不會有人來跟隨,要用想法、理念來感動人,

他們才會願意追隨幫忙。不過，義工的愛，也是需要被灌溉的，要常常肯定義工，謝謝他們的支持與付出，經常表達感謝與關懷，才能維繫義工對NPO的熱情。

要有智慧

成功的領導人要有智慧，像觀世音菩薩、釋迦牟尼一樣，我們去廟裡拜「恩主公（關聖帝君）」，恩主公不會講話，但是祂用智慧來引導你。

若問《西遊記》裡誰比較厲害？我認為是沒有武功的唐三藏，因為他管理徒弟不需動手，而是用對方法，這是領導人的智慧。《西遊記》故事中，孫悟空、豬八戒跟妖精打架失敗，他們求助如來佛與觀世音，觀世音不會說：「你下來，我幫你去打仗。」而是告訴他們：「那個妖精是修煉五百年轉世，我這個葫蘆給你，你可以把對方吸到葫蘆裡……」這是智慧，是解決問題的方法，不教他用武力，而是用「對的方法」來制服妖精。所以，有智慧的人懂得如何運用方法來達到目的。用「對的方法」來帶領團隊去面對挑戰，便是領導人智慧的展現。

慈悲為懷

成功領導人要有慈悲心，小時候有一首人們琅琅上口的

兒歌:「三輪車跑得快,上面坐個老太太,要五毛給一塊,你說奇怪不奇怪?」在以三輪車為交通工具的年代,車夫得靠苦力賺錢,多付五毛錢對一般人來說,可能沒有什麼影響;但對勞動者來說,可就不無小補,積少成多,三輪車夫會被感動。所以當我們有能力幫助他人時,何不發揮慈悲心呢?我們與人相處,一定要懂得「讓利」。

被譽為「臺灣壓克力之父」的奇美實業創辦人許文龍,他有一本書《觀念:許文龍和他的奇美王國》,書中描述某日他出貨給下游廠商,沒想到下游廠商的工廠突然發生大火,一般人大多擔心出貨後,收不到款會血本無歸,這時候多數人多半會趕快去跟廠商收款,但是許文龍不一樣,他說:「某某先生,你很辛苦,火災你不要難過,我的貨再出給你一批,你有錢再還給我就好。」雪中送炭,讓客戶非常感動。還有個例子,許文龍某次在年終結算的時候,發現公司賺了很多錢,他跑去跟合作廠商說:「今年利潤不錯,我分一點給你。」這就是「讓利」的觀念。

我們常常只顧自己,卻不會考慮到跟你合作的朋友夥伴,如果都是你賺,別人沒賺頭,這樣人家會吃醋,就會反彈。假如我們可以考慮對方,將心比心,能讓利,跟你合作的夥伴就會變成好朋友,一輩子追隨著你。

好心肝門診中心成立前有個小故事,由於衛福部規定基

金會底下若要設置醫療院所，其房舍必須自有，我們苦於沒有資金。當時一位素昧平生的善心人士，匿名捐助了400萬美金（相當於新台幣一億兩千萬元），好心肝門診中心才得以於2013年順利成立。我曾問這位慷慨的匿名捐款者：「需不需要刻父母親的名字表達紀念？」對方回答：「不用。」一次捐贈那麼大筆金額，而且又不求回饋，為何能這麼慷慨？他說母親曾告訴他：「我們假如做得到，可以幫助別人，就要幫助別人，而且不求回報。」

由此可知，父母的言教、身教是很重要的，這位匿名捐款者的事業非常成功，因為他會讓利，會為他人著想，所以跟他一起做生意的合作夥伴，後來都變成了好朋友。身為NPO領導人，更應懷著慈悲心對待部屬，對待自己的組織，才能帶來善的循環。

謙卑待人

《聖經》故事提到，主耶穌在與門徒們吃最後晚餐時，站起來把水倒在盆裡幫門徒洗腳。其中透露出來的訊息，不只是風俗而已，而是一顆謙卑的心。

領導人物要懷著謙卑心，時常吸收新知，不論書本、演講或身邊的人，都是很好的學習對象。就像孔子說的：「三人行，必有我師焉。」多向他人請益，才更有能力帶領組織成長。

包容自省

成功領導人要有包容心。《聖經》裡有則故事,眾人群起捉拿一位妓女,想要用石頭打她。耶穌告訴眾人:「在座的人,誰沒有過錯的,就可以拿石頭打她。」耶穌的這番話點醒了眾人,誰沒有犯過錯呢?但人們看別人的缺點容易,卻看不到自己的缺點,其實別人看我們的缺點可能更多更大。一般人總是容易原諒自己,卻不容易原諒別人,領導人在帶領組織時,也需要具備包容心,並提醒人們以「包容」待人。

以身作則

好的領導人必須以身作則,不要讓屬下忙得要死,自己都不做。大禹治水曾三過家門而不入,這是家喻戶曉的故事,他為了根治水患,解決百姓的痛苦,三次經過家門卻沒有進去,成了公而忘私、犧牲奉獻的典範。領導人能以身作則、身先士卒,才容易感動他人。

了解人性

不論是孟子所主張的「人性本善」,或荀子相信的「人性本惡」,最終都需要「後天教育」的啟發,以茁壯善心或化性起偽。領導人要能設身處地了解人性,方能針對不同個性的人,調整不同的領導方式,開發每個人的潛能,為組織做出

貢獻，這也是一種「後天教育」。

心胸寬大

三國時代的楊修機智聰慧，是曹操的手下重臣，後來卻被曹操殺害，這是為什麼呢？話說曹軍跟蜀軍對峙時，雙方僵持數月不下，曹操隨口以「雞肋」兩字做為軍令暗號，楊修見狀卻脫口說出：「食之無味，棄之可惜。」他猜到曹操有意撤兵。曹操得知後，容不下楊修比他聰明，又能洞悉他的內心，認為此人不宜久留，所以就藉故殺掉楊修。

由此可知，做為屬下要了解長官的胸襟，若對方心胸不夠寬大，就要謹慎應對，要懂得避風頭，暗暗協助長官就好，否則會激怒對方，引來禍事。而身為領導人，也最忌心胸狹隘，若看屬下聰明就將他除去，將來還會有誰願意與你共事、為團隊效勞呢？

籌募經費

清朝末年，山東有一個人名為武訓，他出身於貧農家庭，吃了不少苦。後來他以行乞方式集資興辦義學，希望幫助以後的孩子不要步上他的後塵。據說，他將行乞來的錢放在一家商行，運用利息創建了三個私塾，許多人受到感動也跟著響應，幫助他完成心願。朝廷有感於他的義舉，還建了一座「樂善好施」的牌坊紀念他。

所以，成功的領導人除了必須要有願景、要能凝聚共識、要能栽培人才外，還要有籌募經費的能力，如此才能更有效地實踐組織目標。

願有多大，力量就有多大

國父孫中山先生18歲就立志「推翻滿清，創立民國」。國父本來是醫師，但看到滿清政府腐敗無能，列強侵略瓜分中國，所以立志用一生來救國，他追求的不是個人私利，而是中華民族的未來、人民的幸福，國父18歲就有這樣的理想抱負，讓人十分佩服。由此來看，「願有多大，力量就有多大」，國父發的願是要救國，所以得到很大的力量。

相反地，假如你得罪別人，別人對你有多怨恨，他的反彈力量就有多大。所以我們不要隨便跟人結怨，別人有錯，我們適可而止，要包容他。假如要置對方於死地，同樣地，他也會讓你沒命。「怨有多大，力量就有多大」，這是向量的兩個極端。

我的恩師——臺大醫學院宋瑞樓教授，被譽為「臺灣肝病醫學之父」，他的願望就是要消滅肝病，讓臺灣成為一個沒有肝病的國度，因為早年臺灣得到肝病、死於肝病的人太多了，當時肝病又被稱為「國病」，肝癌是造成國人癌症死亡的主要殺手。

宋瑞樓教授發的願很大，他希望臺灣成為一個沒有肝病的國度，這對學生和國家都帶來很大的影響力。民國73年，宋瑞樓教授跟當時的總統府資政李國鼎，兩人大力推動新生兒接種B肝疫苗，這讓國內的B肝帶原率立刻驟降至1%以下，臺灣成為全世界第一個實施新生兒B肝疫苗注射的國家。

　　宋瑞樓教授總是教導學生要視病猶親，「把病人當成自己的家人」，從病人身上可以學到很多教科書寫不詳盡、甚至沒有寫到的部分，愈是關心病人，我們得到愈多。他常常說：「我們（醫生）是為病人而存在的！看到病人的痛苦，我們要想辦法幫他解決！」在我們心目中，宋教授是一位好老師、優秀的領導人，能夠以身教、言教感動學生，讓後學者在耳濡目染下，傳承視病猶親的仁醫精神。

　　國父是醫師，他把醫療救治病人的愛，擴大為對救國救民的大愛；同樣是醫師的宋瑞樓教授，他把看病救人的願，化為對臺灣國人整體健康的愛與胸懷，他們兩人發的願都很大，因此得到的力量也十分巨大。

NPO領導人典範 ——「臺灣肝病醫學之父」宋瑞樓教授

　　我的恩師——臺大醫學院宋瑞樓教授，被譽為醫界的孔子，他總教導我們要視病猶親，宋教授救治病人的精神深深感召了學生，我們的同理心是這樣被激發出來的，因此好的

領導人是「以德服人」,他用高尚品德讓人信服。

我在宋教授的指導下,積極投入肝臟專科的研究,並發表了以腹部超音波發現小型肝癌的論文,建議患有B肝、C肝或有肝癌家族史者,每半年至少要做一次超音波檢查。論文發表之後,被全世界多方引用,至今醫界仍然依循這個檢查原則。

在臨床上,很多病人知道我是專攻肝癌的醫生,所以從離島、國外,甚至世界各地前來求醫,即便是肝癌末期的患者,還是對生命抱著一線希望,許多家屬見到我還激動地跪下來,這使我倍感壓力,然而身為醫生必須勇於面對,責無旁貸。

我的辦公室裡有一張我跟一位年輕女生在幾十年前的合照,照片中這個女生的臉色有點黃,因為肝有點問題。她的

名字叫林芳如，就讀政治大學二年級，正值花樣年華的19歲，某日不小心被球打到肚子，就醫檢查時意外發現肝臟長了十幾公分的肝腫瘤，即使立刻開刀積極接受治療，仍不幸於四年後往生。因為以前還沒有B肝疫苗，所以她年紀輕輕就因肝癌病逝，很令人惋惜。

看到這些悲傷的故事，我們的老師宋瑞樓教授就一直苦思要如何挽救肝病病人。我認為要解決病人和家屬所受的折磨及遺憾，首先要做研究突破醫學困境，同時要透過宣導來教育民眾了解定期檢查的重要。然而，要解決問題不能只靠一個人的力量，必須集眾人之力，透過社會的力量來成立NPO，可運用NPO的力量來讓臺灣的肝病絕跡，於是我向宋教授提出成立基金會的想法，很高興獲得宋教授的認可與支持。

當時法令規定成立基金會的門檻為一千萬元，幸賴我長年的病人永豐餘集團總裁何壽川先生與東帝士集團創辦人陳由豪先生慷慨解囊，他們各捐五百萬元幫助我們突破第一道關卡，讓「肝病防治學術基金會」得以成立。這件事也印證了我常說的：「幫助別人，受益最大的是自己。」

肝病防治學術基金會自1994年成立至今，三十年來凝聚社會各界愛心，跑遍臺灣各地做免費的肝炎及肝癌篩檢，篩檢哩程累計相當於可繞行臺灣395圈，舉辦過的免費肝病

篩檢活動已超過850場，有將近70萬人次受惠。經過這三十年基金會、義工和政府的同心協力，我們已經看到明顯的成果，根據衛生福利部的統計指出，國內肝癌死亡率已由第一名降至第二名，慢性肝病及肝硬化更退出國人十大死因之外。臺灣肝病防治成果成為全世界的典範，至今基金會仍繼續努力前行，因為我們的宗旨與目標是消滅肝病，讓臺灣成為一個沒有肝病的國度，「保肝尚未成功，同志仍須努力」，我們希望有朝一日，肝病在臺灣能銷聲匿跡。

獨樂樂，不如眾樂樂

延續肝病防治學術基金會的宗旨，我們分別於2006年成立「全民健康基金會」，於2012年成立了「好心肝基金會」。這是一個「可以資助別人實現你的想法」，以及「可以幫助有志者實現他的想法」的典型NPO案例。

當時為了照顧病友的健康，我們希望能成立一個「以愛為出發點」、「視病猶親」不一樣的醫療院所。然而，依照現行政府法規，若要成立醫療財團法人，其診所房舍皆須自有，且資本額需要一億元，這一道關卡讓我們的腳步延宕了十幾年。

總算我們遇見一位素昧平生的捐助者，他基於對基金會的良好評價，匿名捐助了400萬美金，這個善舉感動了很多

人,大家紛紛效尤幫助基金會,有的出財力,有的出腦力,有的當義工。於是,好心肝門診中心從天花板到地板,從垃圾桶到馬桶,還有電腦設備、室內空調等儀器設備,一磚一瓦,都是由病友及各界朋友的愛心涓滴匯聚而來。2013年,臺灣第一家完全由民間愛心捐助的門診中心終於正式成立。

好心肝基金會的成立宗旨是:人人好健康,大家好平安。我常鼓勵身邊朋友要樂於行善,因為我們幫助別人,身心會健康,受益最大的其實是自己。

領導人邁向成功的要訣

一個想邁向成功的人,首先要具備專業能力。基本功練好,代表自己夠認真,夠努力,如此方能讓人信服。

第二個是要有好的老師。就像我就擁有很好的老師,他既有智慧又善於包容,能為我傳道、授業、解惑。老師無所不在,在職場上,老闆可能是我們的老師;生活中,朋友也可能是我們的老師。

此外,想要成功還需有領導能力。人一天只有二十四小時,在時間有限之下,就要和其他人分工合作,能領導團隊朝目標努力,甚至進行業外交流,才能完成更多的事情。

最重要的是,領導人一定要夠健康。美國蘋果公司創辦人賈伯斯(Steve Jobs),因罹患神經內分泌瘤,腫瘤長在胰

臟，56歲時不幸往生。網路流傳他生前的一段影片，經查證雖然不是他真正的臨終遺言，但影片內容發人深省。片中描述賈伯斯在事業成就上達到顛峰，在別人眼裡，他的生命是成功的縮影，但是除了工作，他很少有快樂。最終，財富只是生活中習慣了的現實。

躺在病床上的賈伯斯回想起這一生，他意識到所有的認同和財富，雖然令他感到自豪，但是面對即將到來的死亡，它們都變得毫無意義。他體悟到，當累積足夠的財富後，就應該去追求一些與財富無關的事，尤其是要感受愛。因為在生命中贏得的財富，最終並無法帶著離開，能跟著自己走的才是真正的財富，那就是愛。

賈伯斯的故事提醒我們，無論未來要做什麼事，無論你是員工、還是領導人，都必須要有健康的身體，因為沒有健康，什麼都做不了。在此，衷心地祝福大家，人人好心肝，全民好健康。

NPO 管理小語

以利他為出發點,手段是和平的,心中是慈悲的。

—— 許金川

NPO 之戀語錄

心中理想的 NPO 領導人特質?

- 嚴謹卻不嚴肅,冷靜卻不冷漠,溫暖卻不熾熱。
- 月亮般的溫柔,陽光般的笑容,微風般的親和力,大地般的包容心。
- 有肚量,有目標,有願景,有愛心,有使命感,更有領導力。

Chapter 8 愛的胸懷 | NPO領導角色

NPO領導人需具備十八般武藝，有視野胸襟，有利他的心，共創多贏。

Chapter 9

NPO募款策略

愛情與麵包之戰

真善無我 凌駕一切

低頭伸手向人「乞討」，對一般人而言並非易事，如果是出於生活壓力，此舉不得不為；倘若為了公共利益而為之，那麼持之以恆的內在動力和奉獻精神就更加難能可貴。就像戀愛過程中，熱情易逝，若想求得真愛，就需努力經營。人生在世，不求轉瞬即逝的榮耀，但求離世後，有人會因思念你而流下真摯的淚，這樣的人生亦充滿了另類的成就與功德。

NPO 之戀領航員

粘曉菁

國立臺灣大學兼任助理教授
肝病防治學術基金會執行長

《戀愛座右銘》
因人而愛,但別讓愛變成負擔。　　　　　粘曉菁

人人皆能創造上億的價值？

　　誰能創造上億的價值？以上圖為例，左邊的丐幫人士能否做得到？或許時空對了，人對了，仍可創造出與其物質、身分、社經地位落差很大的價值。

　　圖中間是一位普通上班族，他該如何創造出上億的價值？其實，「價值」不一定只能用金錢物質來衡量，愛心指數也可以是衡量的標準。

　　圖右邊這位富豪，擁有不凡身價或數台上千萬的跑車，他是否就比較容易創造上億的價值呢？這可能還是取決於每個人對「價值」的見解。

　　一般而言，群體裡的現象多呈常態分布（Normal distribution），例如圖左邊的丐幫人士及右邊的富豪，其價值屬常態分布的兩極端值，這是以社會所認知的金錢財富來衡量，而絕大部分的人則居於中間值。然而，每個人所擁有的財富物質價值與其慈善愛心的價值，並非呈現絕對正相關。

如果讓圖中的三個人去進行募款，會有什麼樣的結果？通常弱勢族群比較容易誘發我們想助人的善心，若以圖左的丐幫裝扮去募款，雖然很有可能得到捐助，但金額通常不大，捐款人不太可能掏出一億元給他，但大概會捐一百元讓他得以溫飽，因為外界會依據募款者的形象，來衡量其使用善款的需求。同理，也不會有太多人捐錢給開著名車的人，一般認知會覺得對方已經夠富有了，為什麼還需要捐錢給他呢？所以，有些NPO背後有很強大的「富爸爸」跟「富媽媽」，他們就可能會面臨這樣的募款困境。

雖然「以貌取人」不是那麼可靠，但在現實生活中，不管是面試、人際相處，甚至募款，「第一印象」都極為重要。除了真誠的言語、行為、態度之外，外在給人的第一觀感，更代表著所屬組織的精神與文化意涵。因此，適時適地展現自己，是新世代年輕人成為受矚目之千里馬的必修學分。

愛情與麵包哪一個重要？

愛情與麵包哪一個重要？這確實是個老掉牙的問題。

若有人問起，可以反問他：「為什麼會問這個問題？」通常對方心裡早有定見，只是想徵詢他人的看法。其實，人性多貪婪，常認為愛情與麵包都一樣重要。

偶像劇中男女主角的相遇有些會從一夜情開始，而一夜

情到底能不能演變成真愛呢？許多人認為一夜情的對象不太可能會變成生命中的真愛，但這要視每個人的際遇而定。每個人對真愛的認知與需求不盡相同，在不同的時空背景下，隨著年紀增長，對於所謂真愛的定義與要求也會有所改變，就像什麼種類的麵包比較好吃，能夠吃得飽，這些都會隨著我們的飢餓程度跟心情的變化而有所不同。終歸一句話，感情當中兩個人同時覺得好，就是好。延伸到我們對NPO的看法也一樣，什麼樣的付出叫做足夠，什麼樣的結果才稱為有成就，這都會因應時空不同而有變化。

當我們看待一個NPO時，會不會很有動力想要幫助它？這個NPO所面臨的問題是否值得我們花費心力去幫它解決？這是人們在遇到NPO之後可能會有的疑惑，同時也關乎一己能力的展現。

募資最高指導原則

NPO所稱的「募資」不僅指募款，而是包括人、時間、空間、金錢、智慧等，募資的最高指導原則就是「真善無我凌駕一切」。

「真善」是我們內心真誠展現出來的純真跟善良，這會渲染身旁所有的團隊以及其他想要追隨你的人，所以真善是募資的最高指導核心。

「無我」則是NPO的使命，是帶動NPO往前走很重要的

真善無我凌駕一切，永保最美的初心（朱德庸繪贈本書作者的作品）

力量。當我們的善願有多大，力量就有多大。

不過，要避免對NPO設定太過夢想化及道德過於崇高的定位，而是要學習企業精神，制訂可以達到的目標跟使命，這在募資裡是很重要的務實信念。

比方說，每個人在出生的那一刻就進入「人生募資」階段，以哭聲的本能向父母討抱、討愛，接下來還會用各種孩童似的耍賴方式，例如在地上打滾、轉圈圈等。每個人都有向父母索取東西成功的經驗，或許最容易且最好練習的募款對象就是父母。相較之下，要開口向陌生人募款，就顯得困難許多。

「企業教我們的是謀略，NPO教我們的是真愛」，NPO比較不容易設立近期KPI（Key Performance Indicators，關

鍵績效指標），因為不知道能夠募到多少錢，只能以使命與理想影響其追隨者。所以，謀略與真愛必須融合在一起，才能讓社會大眾的愛心成為一個有效率的善循環。

Deming cycle —— PDCA

在企業的目標管理上，美國學者愛德華茲・戴明（Edwards Deming）提出了PDCA理論——Plan（計畫）、Do（執行）、Check（檢核）、Act（行動），這是用來協助企業達到目標的一個循環式品質管理。

Deming cycle — PDCA

（Act 行動／Plan 計畫／Do 執行／Check 檢核／目標）

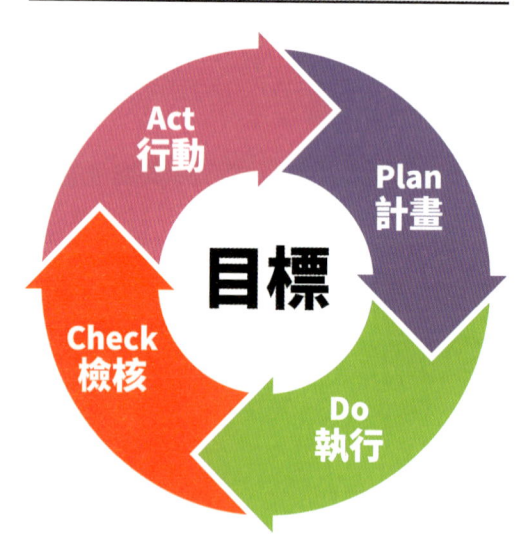

參考資料 https://zh.m.wikipedia.org/wiki/PDCA

Plan（計畫）

首先要有一個核心目標，知道要做什麼，這是很重要的。再來必須設定明確的計畫（Plan），包括所需的時間、投入的資源、欲達成的目的及成效等。

Do（執行）

針對計畫，要思考用什麼方法與技巧來執行，方能快速且圓滿地達成目標。

Check（檢核）

執行之後，要做檢核，了解這麼做是否切合目標？距離目標達成了多少？必須要做一個檢核表（checklist），進行各種質化及量化的查核。

Act（行動）

最後是 Act（行動），不過現在很多的理論把 Act 的意涵，轉換成更為進階的表現 Adjust（修正）。每次執行完再循環回來，可能會發現結果跟計畫有點不太一樣，也因此需要隨時修正調整計畫，才能精益求精，這是執行計畫過程中最可貴的經驗。

PDCA之NPO案例──好心肝基金會的創立

秉持著肝病防治學術基金會已故創辦人──臺灣肝病醫學之父宋瑞樓教授的精神,「我們是為病人而存在的,看到病人的痛苦,我們要想辦法解決它!」臺灣肝病權威許金川教授希望能完成恩師宋瑞樓教授的遺願,因此成立一個非營利的基金會,以「愛與關懷」為宗旨,把病人當作自己的家人,提供愛心、溫馨、安心的優質醫療服務來對待所有病友,期盼能達到「病人朋友化」與「朋友家人化」的溫馨醫病關係。

然而臺灣的醫療法規對於一個非營利基金會所屬診所的設立標準要求極高,基本設立門檻至少要具有上億元的成立資本,且房舍必須自有,由於肝病防治學術基金會屬於明確使命型的基金會,所有人力物資都來自社會大眾的愛心捐贈,本身並無太多資本,要達到上述的診所設立門檻極為困難。

在萬事俱備的情形下,協助跨過門檻以成立好心肝基金會的「東風」,是來自於一位沒有肝病或其他疾病的善心人士,僅僅因為認同基金會的理念及許金川教授的善念,而捐了400萬美金,不願具名且十分低調不願張揚,於是第一個以肝病治療為中心的非營利門診中心便在這個機緣下順利成立了。

常有朋友詢問這位不具名的善心人士:「為什麼你會有這種無欲無求的善舉?且為善不欲人知呢?」他總笑著回答:

「從小爸媽就教導，在自己的能力範圍內，能幫助別人是一種幸福。」就像我們搭計程車，不讓司機找零錢的小舉動，對我們的生活並沒有造成太大影響，但對每天奔波載客的司機大哥而言，卻是一種生活中的小確幸。人生要懂得分享，才能得到真正的滿足與快樂。

好心肝基金會的PDCA

好心肝基金會創立後，其PDCA的循環如上圖，相關內容做法敘述如下。

Plan（半年內人員、軟體、硬體到位）

　　基金會擁有自有房舍後，便開始招兵買馬努力募集各種軟硬體設備資源。好心肝門診中心創立之初，空無一物宛如廢墟（上圖），究竟是如何在半年內做到人員、軟硬體均到位呢？（下圖）

　　好心肝基金會董事長許金川教授創立好心肝門診中心的目標是「人人好健康，大家好平安」，也就是希望照顧到大

家的身心靈健康，秉持的是恩師宋瑞樓教授的仁醫精神──「我們是為病人而存在的」。於是開始計畫性地募集診所空間所需要的軟體與硬體設備，從天花板到地板，從馬桶到垃圾桶，從桌椅到電腦資訊設備，從財務規劃到空間設計圖的製作與完成等，逐一羅列各領域專長的義工們可以幫忙的項目，讓大家可以貢獻己力、共襄盛舉，藉此凝聚義工的力量，一起打造完成好心肝門診中心。

Do（合法募資）

此NPO的成立幾乎沒有向政府申請一毛錢，且必須在半年內把一百坪的場域運轉起來，這不是一件容易的事。接下來就要開始進行上述規劃的合法募資，尋找適當的募款對象，務必落實每一細項均有人認捐，因此好心肝門診中心堪稱為「愛心拼裝車」。

Check（一條龍服務）

好心肝門診中心成立的精神是「為病人而存在」，因此要檢視按計畫所做的是否達到當初所想要做的，也就是做到一條龍服務了嗎？病人的滿意度夠好嗎？同仁對工作環境感到開心嗎？這需要有一個檢核表（checklist），檢視流程是否可行，各項質化及量化目標是否都有達到。

Act（感動服務，自給自足）

開始運作後，會不斷發現一些問題，接著就要隨時修正。例如NPO能否達到自給自足的目標？感動服務是否做到位？組織方向是否符合創立的宗旨？這些都需要朝著目標持續修正，才能不斷優化方案，讓所期盼達到的目標更加完美。

好心肝基金會創立的感人小故事

六道通天令尋人

臺中宮原眼科經過知名建築師團隊的設計改造後，整體建築呈現既現代又懷舊的創意，精巧的設計亦賦予這棟歷史建築全新的生命，成為極具獨特風格的景點。

好心肝門診中心創立之初設想打造一個溫馨、舒適、高雅的就醫場域，希望能請教上述建築師團隊的專業意見，但基金會裡沒有人熟識他們，於是好心肝基金會董事長暨肝臟權威許金川教授便透過各種管道及友情資源發出「通天令」，請身旁好友協尋專業。建築師團隊事後轉述，當時他們兩天內就接到六個人來電，於是團隊特地北上給予專業建議，後來好心肝門診中心也順利打造成溫馨的就醫空間，建築師團隊與家人更成為基金會義工。

好心肝門診中心每個月有數百位固定義工排班,要如何招募到這麼多有愛心的義工,能發自內心願意主動排班來服務病友,這是一門藝術,更是一種福分。

醫療資訊改善看診流程

基於「科技始終來自於人性」,好心肝門診中心由臺大資工系李允中教授擔任義工顧問,帶領工程師團隊研發個人專屬的看診醫療資訊系統,可用手機APP來掛號,並查閱包括數據及影像的個人病歷及用藥資料,也就是每個病人可以把自己的健康報告隨身帶著走,讓病友出國時若需即時就醫,也能讓國外醫師有所參考,透過完整的看診醫療資訊系統來改善看診流程,使得醫療人員效率更為提升,病人就醫更加便利。另外也研發了「看診意見回饋系統」,民眾可隨時反應看診問題,讓負責主管、甚至董事長可即時透過手機通訊軟體Line,立即回覆病友意見與解決問題。由此,在在顯示義工們不全是以捐款來助人,更多是捐助專業知識及可貴智慧來幫助非營利組織的發展。

愛心拼裝車打造善的循環

為了讓病人不要等到真正生病了,再來尋求醫療協助,好心肝基金會希望能逐步發展預防醫學,讓病友能夠早期發

現自己的問題、及早就醫。由於大腸癌是臺灣目前發生率最高的癌症，但檢查用的大腸鏡設備非常昂貴，基金會在募款之初，有幸獲得幾位知名女企業家的共同捐助。在醫療儀器開機使用之際，曾幫其中一位捐助者的三十歲女兒做大腸鏡檢查，竟意外發現其罹患大腸癌，後續立刻啟動一條龍服務，讓病人快速轉診、開刀治療。這段經歷讓這位女企業家常說：「從來不曾想過自己捐助的一點善款，居然拯救了年輕女兒的寶貴性命。未來也希望這個善的循環能持續存在並擴大，以幫助更多病友。」

好心肝門診中心累積更多的善款資源後，持續擴大服務，除了肝病病友之外，還服務其他疾病的病友。鑒於乳癌是女性癌症殺手之一，為了讓乳癌可以在早期就被發現，基金會希望能夠募集一台要價千萬元的數位乳房攝影機器。後來南部的一個蔡姓家族兄弟姐妹得知此消息，他們深知一個非宗教型的基金會，若沒有政府的經費補助，也尚未有累積數年的資本，是很難馬上募得龐大金額的善款，於是決定合力捐助這台昂貴的機器。機器安裝不久後，因緣際會檢查出一名三十歲的護理師罹患早期乳癌，幸而得以早期治療，後來完全康復。一個家族的善念，拯救了許多病友，這個善的循環至今仍不斷延續且更加強大。

從一個個感人的小故事可看出，好心肝基金會充滿了各

界的愛心慈善，小到馬桶的捐贈，或是低調奢華的高級大理石地板，以及醫護人員專業的服飾設計與製造等，點點滴滴的物資都來自許多匿名善心人士的善念善舉，他們捐出自家企業所生產的優質產品，一起成就這個醫療的感動服務之地。

此外，病人罹病之際，最需要專業醫護團隊來提供正確的醫療知識與心靈撫慰，好心肝基金會有幸募得善心人士的捐款來支付租金，得以在臺北火車站及臺大醫院附近的黃金地段有一個舒適便利的溫馨空間，這個多功能用途的場地能提供病友與家屬等候看診、健康與疾病諮詢、病友團體互動等，病人與家屬在這個像家一樣的空間裡隨時有醫護團隊的專業協助，可解答罹病相關的治療與照顧問題，並緩解生病的緊張與焦慮不安感。

非營利組織的存在不是為了累積財富，或像企業一樣將獲利盈餘分配給股東，而是為了基金會的使命——我們是為病人而存在的，所以持續累積社會大眾的愛心力量，不斷地擴大服務的範圍與項目。秉持這個使命，好心肝基金會募集善款照顧臺灣大學3600位教職人員的健康，免費提供每人數萬元的完整全身健康檢查，並捐助醫療儀器及補助臺大醫學院、醫院醫師與師生們出國進修及研究補助金等，以實際行動及健康照顧方式，幫助臺灣大學提升在國際學術及醫療研究的軟實力。

一台配置簡單的愛心拼湊車，從一點點的善念開始累積更多善的循環，許多慈善感人的故事還持續不斷地發生中，但大大小小的善行已多得不勝枚舉，書中難以逐一敘述，這些感人故事在在展現出非營利組織中，各類型義工的強大力量與重要性。

人生是不斷打掉重煉的過程

　　人生就如PDCA，是一個不斷打掉重煉的過程，如同醫美的回春治療，讓某些組織先受到刺激、甚至破壞，再藉由打掉重煉的過程，重新生長，且長得更好。

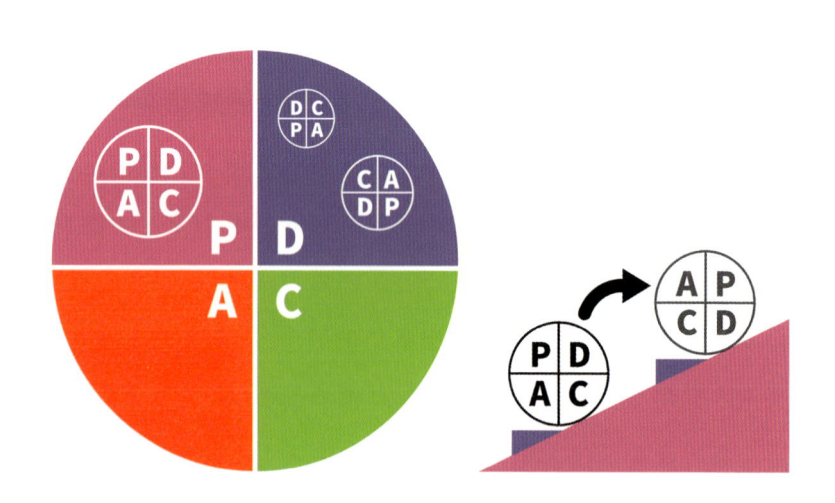

從左圖可知，一個大的 PDCA 包含了很多小的 PDCA，每一個 PDCA 都需要有一個專案管理去檢視，才能夠運轉、有進度。也就是說，在計畫裡涵蓋大計畫，而大計畫包著小計畫，小計畫要往斜坡上推動，才能克服所有困難，達到目標。

告白的藝術

向人告白是一門非常高超的藝術，需要在對的時間、對的地點跟對的人告白，成功的機會才會比較大。而募款的藝術，其精髓跟告白的藝術不謀而合。當我們開口募款時，首先要介紹自己，接下來要熟識對方，再來才能夠提出適當的募資需求。

當上面的步驟都已合適地完成後，視人、適時、適當的募資，都是非常重要的原則。當募資的項目遠高於捐款者的能力，或並非對方所專長之處，其實很容易遭到拒絕。從另個角度來說，若有一天我們成為被募資者，要如何恰如其分地婉拒對方，這更是一門高超學問。這就像拒絕對方的深情告白或感情付出，甚至談分手離婚，最終能讓對方感到舒服而不受傷，這都需要極大的智慧與技巧，當然也是每個人在成長路上需要精進修煉的課題。

如果你被問到：「基金會需要幫忙，請問您能來當義工嗎？」你會採取下列哪些回答方式？

一、「沒問題，我還可以當終身義工！」這樣的回答代表相當有熱忱意願，我們可以馬上邀請他來當義工。

二、「我有點想，但沒什麼經驗，怎麼辦？」這是常見的講法，雖有意願但仍有疑慮，也許是不知道能夠幫上什麼忙。

三、「請再給我一點時間考慮……」這也是常見的說法，表示心裡還在考慮，是一種保護性的回答機制。可能還不夠了解基金會，幫忙的意願只有一半，若再給一點鼓勵與說明，對方可能就會答應了！

四、「我已經是其他單位義工，恐怕沒有能力再勝任了……」其意願比上述的回答低，但還沒有到完全拒絕的程度，還是有機會邀請其擔任義工的。

五、「目前狀況還不太合適，謝謝給我機會！」這表示對方沒有意願，但用正向婉拒的方式回答。

以上的回答都呈現一種正向接受或婉拒的語言，在募資的過程中，正向表述及快速消除被拒絕的沮喪情緒，是非常重要的。因為「開口募資卻被拒絕」，其實是常態。

常見的募資丐幫術

賣萌術

所有毛小孩、小小孩幾乎都有引人注目的可愛能力，有

些公益基金會的會刊或募款廣告，會以可愛的小孩或動物為主視覺，來吸引大眾的注意力，這也能激發人們母愛般想保護弱小的心理。此外，有些公益募款廣告以清秀的知名藝人或模特兒為主視覺，也是一種賣萌術。不過，根據經驗，通常靠賣萌術所得的募款金額較有限，較難達到大額募款的目標。

集點術（點數經濟）

點數經濟在現今社會中相當盛行，特別是在數位時代。然而，數位錢包或是行動支付工具裡面的集點點數、信用卡的點數，很多人其實是用不到的，可以鼓勵人們捐贈點數做公益，用來幫助其他弱勢族群。

趣味術

幾年前有一項風靡全球的冰桶挑戰活動，主要目的是為漸凍人募款，由於趣味性十足，又有許多全球知名人士被點名參與，企劃遊戲的擴散效應也夠廣泛，因此令人印象深刻。當時該活動在全世界所募得的款項金額相當高，但也引起很大的爭議，因為淋冰水在頭上有健康上的風險與疑慮。不過單就其造成的全球性話題及募款效果來看，仍是非常成功的趣味性募款術。

悲情術

悲情術是募款時最常用的方式。舉個例子，美國有位叫Katherine的小女孩，她在5歲時聽到一則新聞，在非洲每三十秒就有一個人因為瘧疾而死亡，這讓她小小心靈感到萬分悲痛。

當Katherine知道防範瘧疾的簡單方法之一是使用蚊帳以防被瘧蚊叮咬。於是她到各個教會，以稚嫩可愛的聲音發表演說，開始進行一個蚊帳十塊錢美金的募款，這個愛的力量幫助了許多在非洲飽受瘧疾之苦的人們，她也因此而有了「蚊帳大使」的美譽。為了感謝捐款的叔叔阿姨們，Katherine一一親筆寫卡片答謝回饋，收到卡片的捐款人都相當感動，形成一個善的循環。

抗敵術

這通常出現在社會發生重大事件時，例如COVID-19新冠病毒是人類共同的敵人，世界衛生組織（WHO）募到十億美元以上的資金，以進行疫苗的研發及防疫等措施。抗敵術所募得的金額通常相當可觀，因為要用來抵抗共同的敵人。

救世術

會冠上「救世」兩字，通常涉及的議題都非常龐大，例

如氣候變遷、減塑及環保等全球人類長期關注的問題，因此所需募得的金額亦相當龐大。

造夢術

例如買公益彩券，小小的金額可讓人擁有美夢成真的可能，公益彩券設立的初衷，就是要用部分款項幫助弱勢族群，購買者亦可懷著中獎的大夢，即使沒有中獎，也善盡做公益的美意。

對宗教的奉獻也可視為一種「造夢術」，例如上教堂做禮拜或在寺廟參拜，在心靈平和之餘，還可捐獻善款給上帝或神明，或捐給教會或廟宇，讓其可以做更多慈善工作，自己也從中累積無量功德。

真實世界的募款

要開口募款確實很困難，需要相當的技巧，比方說我們不會直接要求對方捐錢，而改以詢問：「基金會需要募一張椅子，請問你有沒有親朋好友是製作椅子的？是不是可以請他們幫忙呢？」

俗話說「一隻羊不能扒兩次皮」，切記不要在對方羊毛都還沒長出來的短期內再扒他一次皮，也就是說，募款要講究計畫，不能這星期才說要募一張椅子，下星期又說要再募一

張桌子,這容易顯現做事沒有規劃也太緊迫,無法贏得捐款人對非營利組織的信心。

此外,也別讓愛變成負擔,若對方捐助的款項過大,以致讓NPO不知所措,或是向對方要求超出他能力所及的捐助金額,日後彼此見面都會變成一種負擔。

所以,在對的時空向對的人開口,是非常重要的,這是「告白的藝術」。首先,要讓對方了解組織的計畫,再來也要了解對方的需求是什麼,才能夠提出雙贏共好的募款計畫。

常言道,一個人走得快,但是一群人走得遠。一個好的非營利組織募資計畫,通常需要眾人的力量,人人各司其職,相輔相成,才容易達成目標,凝聚更多善念來幫助更多人。

擁抱初心,創造屬於你的價值

人生百態,成功是偶然,失敗才是常態,遇到瓶頸與困擾時,請記得靜下心來看看我們身邊的貴人,要去尋求幫助,正向解決問題,千萬不要讓困擾變成一輩子的煩惱!看待人生的態度,與投入NPO領域的情境是相同的,永遠記得初衷,擁抱初心,才能創造出屬於自己的價值。

當年打開白色巨塔任意門時,我的恩師曾叮嚀我兩件事情,他說如果要當一位領導者,第一要能夠振筆疾書,第二則要出口成章。當麥克風遞上來的時候,就要能夠侃侃而

談，開始介紹自己，這是邁向成功很重要的一步，需要不斷地練習，願以此與各位共勉。

NPO 管理小語
募資的最高指導原則就是「真善無我凌駕一切」。

―― 粘曉菁

NPO 之戀語錄
如何吸引 NPO 的擁護者？

◆ 動之以情（互動），說之以理（理念），投其所好（義工興趣），並以熱情維繫。
◆ 常保包容力、同理心，要存善念、待人真誠。
◆ 以愛心為步履，來場尋覓真愛的大冒險。

Chapter 10

NPO行銷策略

情場如戰場

NPO 之戀領航員

盧希鵬

國立臺灣科技大學資管系特聘教授

盧希鵬教授為美國威斯康辛大學麥迪遜分校工業工程博士，現任臺灣科技大學資管系特聘教授，研究領域為電子商務、經濟、創新管理、戰略管理，曾三度榮獲臺灣科技大學傑出研究及創作獎。著有百餘篇國內外學術期刊論文，為知名暢銷作家，連續多年在《Cheers雜誌》EMBA專刊中被票選為EMBA最受歡迎名師，為上市公司董事、企業顧問。

專長｜電子商務經濟、創新管理、戰略管理

人生座右銘｜你要保守你的心，勝於保守一切，因為一生的果效，是由心發出的。

《戀愛座右銘》

情場如戰場，善用自己的優勢，找尋最佳的合作對象，才易達到雙贏。

盧希鵬

情場如戰場

首先要請問各位,活在過去、活在當下、活在未來,哪一項比較重要?當然,只有小孩子才做選擇,這三項都一樣重要。

「活在過去」非常重要,這關乎企業的經驗、文化與傳承。但是活在過去的重要性,只有在未來跟過去是一樣的時候才顯其重要。如果未來跟過去是不一樣的,活在過去的人,只會把企業的未來困在永恆的過去。小時候,鄰居的長輩建議我,長大後應該要去應徵高速公路收費員,因為這個工作是鐵飯碗。殊不知,2013年高速公路電子收費開始實施後,收費站便停用拆除,當初若聽信這位長輩的話,我就要失業了。所以,如果我們的觀念沒有與時俱進,就不要輕易給下一代建議,因為很可能會把下一代困在永恆的過去裡。

「活在當下」也很重要,因為過去已不復返,未來還沒到來,唯一真實存在的,就是當下。「活在未來」同樣重要,我們常會訂定「達成目標的方法」,這個目標,就是未來。

你的人生有目標嗎?你有夢想嗎?有個說法是,達得到的叫「目標」,達不到的叫「夢想」。通常年輕人會把夢想變目標,老年人會把目標變夢想。例如,當老年人說要到北極看極光,結果很可能看極光成為他的夢想;年輕人說夢想環遊世界,最後環遊世界成為他的目標。從另一角度來看,衡量年輕的不一定是年紀,而是是否有把夢想變成目標的能力。

夢想，在管理領域裡稱作願景（vision）。夢想之上，還有企業價值（value），也就是企業決策依循的原則。你是一個有原則的人嗎？像不作弊是一種原則，樂於助人、保持誠信、認同吃虧就是占便宜等，也都是一種原則（或稱價值觀）。企業價值就是企業的人格，也是一種 to be。在企業裡還有一個最高的指導原則，叫做「使命（mission）」，使命有多大，格局就有多大。我們可以思考，企業是為了什麼而存在？我們活在世界上的意義是什麼？

什麼是策略？

你認為「策略」是 Do the Right Thing（做對的事），還是 Do Things Right（把事情做對）？

哪一個比較重要？

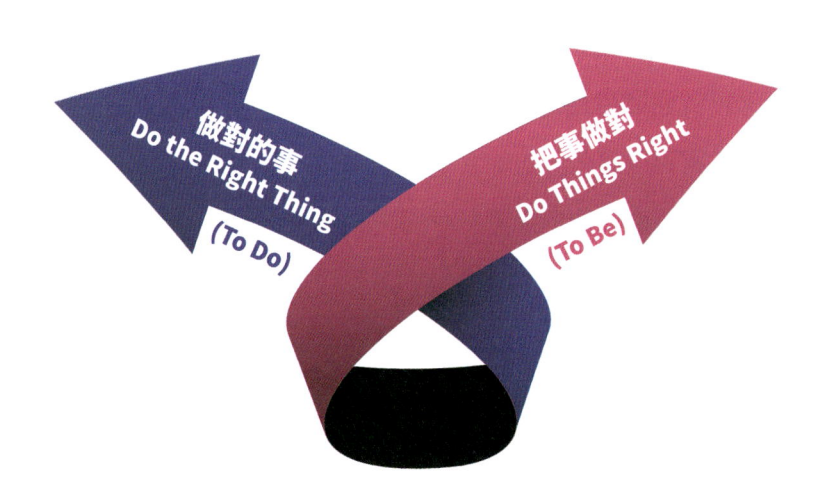

做對的事
Do the Right Thing
(To Do)

把事做對
Do Things Right
(To Be)

我去美國念書之前，曾在臺灣的一家上市公司上班，有一天總經理跟我說：「請你幫忙寫一個程式，讓每一位員工在生日當天可以收到一張生日報表，以表示總經理的祝賀。」接下來半年，我每天七點半就到公司跑報表，讓壽星員工在八點進公司上班的時候，就可以看到總經理的生日賀詞。但是等到我自己生日那天收到報表時，卻沒有溫馨的感覺，唯一有感的是生日禮金已經匯進戶頭了。

　　後來，我到美國念書，一位美國媽媽請我們這些留學生到家裡吃感恩節火雞大餐。這位媽媽分享一件事，令我至今仍印象深刻，她說：「我女兒買了一個洋娃娃，在購買時登記註冊並給洋娃娃取了名字，標註在一張『領養證明』上。時隔近一年，玩具公司寄了一封e-mail給我4歲的女兒，信上說：『謝謝你領養了這個洋娃娃，再過一個多月就是洋娃娃的一歲生日了，我們隨信附上禮品目錄，請妳挑選一個禮物送給她吧。』」這是4歲小女孩這輩子收到的第一封信，她央求媽媽買一個禮物送給她的洋娃娃。後來，感恩節前一個月，女兒又收到一封信，上面寫著：「我們公司感謝你領養了洋娃娃，你也要感謝你的媽媽把你養大，所以隨信附上『母女裝』的禮品目錄讓你們挑選。」

　　這位媽媽繼續說：「你看，我女兒有一件背心，洋娃娃也有一件一模一樣的背心；女兒有一個鉛筆盒，洋娃娃也有一

個！」從此以後，小女孩不需要其他的洋娃娃了，因為那些叫做「玩具」，只有她領養的洋娃娃叫做「女兒」。

那時我一邊享用火雞大餐，一邊思考這套電腦程式跟我半年前在那家上市公司所寫的有什麼不一樣？我們常說，電腦永遠能夠 Do Things Right，能夠把很多事情做對，但是如果沒有 Do the Right Thing，所有的努力便可能施錯方向，所以，Do the Right Thing 的策略更顯重要。

一九九〇年代，美國哈佛大學教授亨利・明茲柏格（Henry Mintzberg）說：「當我們進入科技時代，誰能告訴我什麼叫做 Right Thing？」舉例來說，現在的房子還能買嗎？現在股票可以進場了嗎？半導體產業還可以做嗎？誰能夠告訴我什麼叫做 Right Thing？他說，在科技時代，沒有人知道 Right Thing 是什麼。

明茲柏格也提到知識經濟就是 Copy 經濟，當你有個很有創意的想法，別人就會 Copy 你。所以，他賣茶葉蛋，我就賣茶葉蛋；他賣便當，我就賣便當；他賣公仔，我就賣公仔；他代收，我就代收；他做電商，我就做電商；他在這個地點開分店成功，我就在這裡開分店，這就是 Copy 經濟，別人的實驗想法一旦成功了，就可以拿來 Copy。當我們有能力之後，不但能夠 Copy 別人，而且還能夠 Copy 得更好！

此外，在「情場如戰場」的思維裡，Do the Right Thing

跟 Do Things Right 同樣重要。其中，Do the Right Thing 是 to do，Do Things Right 則是 To be，所以「你是誰」跟「你做什麼」同等重要。To do or To be？思考策略時，兩者均不可忽視。

What does Strategy Mean?

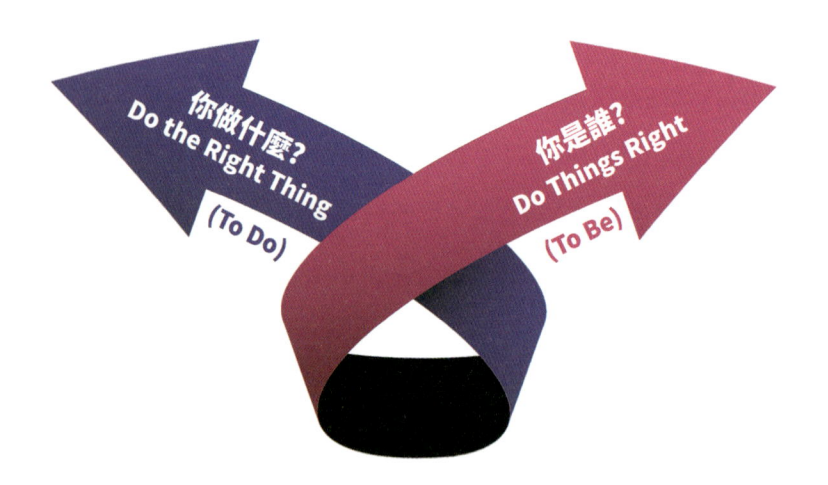

你做什麼?
Do the Right Thing
(To Do)

你是誰?
Do Things Right
(To Be)

戀愛跟企業一樣，過去、當下、未來都非常重要。過去，積累了現在的強處（Strength）與弱處（Weakness）。未來，充滿了機會（Opportunity）與威脅（Threat）。當下，是一種執行力的取捨，如何做取捨？就是接下來要談的 SWOT 分析。

龜兔賽跑

四次龜兔賽跑

1st Run	2nd Run	3rd Run	4th Run
未來方向	積累能力	當下變化	一起合作

第一次龜兔賽跑（方向：機會與威脅）

第一次龜兔賽跑的故事，大家都很熟悉，烏龜原本落後兔子許多，但兔子在賽程中睡著了，烏龜就贏了這場比賽。

第二次龜兔賽跑（能力：強處與弱處）

網路上流傳著龜兔賽跑的續集，兔子輸了第一次比賽覺得不服氣，跟烏龜要求再比第二次。這次兔子牢記不能睡覺，於是從頭到尾不間斷地跑，這次兔子總算贏了。由此可

知，當我們的能力比別人強，態度又良好，我們就可能會贏過動作緩慢而不思改變的人。

第三次龜兔賽跑（變化）

網路上還流傳龜兔第三次賽跑的故事，烏龜輸了第二次比賽後也很不服氣，要求再跑一次。兔子自認跑步能力比較強，只要不睡覺，一定還是可以贏過烏龜。不料烏龜說：「這條跑道我們已經跑過兩次了，換一條跑道吧！」兔子胸有成竹地答應了。比賽一開始，兔子還是「一兔當先」地往前跳跳跳，快抵達終點時，發現前面居然有一條河，兔子正苦惱該怎麼辦時，慢慢地爬爬爬的烏龜竟然後來居上，並且游過河，到達終點，贏了這場比賽。從烏龜的例子可知，當我們發現能力不如人的時候，就要試著改變遊戲規則，讓自己的優點能夠發揮出來，這就是Change（改變）。

第四次龜兔賽跑（合作）

經過三次比賽之後，烏龜跟兔子變得愈來愈熟稔，有一次他們相約一起去跑步，為了讓速度一致，剛開始兔子揹著烏龜跳跳跳，後來換烏龜揹著兔子游過河，他們發現雙方合作是四次龜兔賽跑中成績最好的一次。可見我們要學會跟別人合作，成績才能比任何一次單打獨鬥都來得好。

從龜兔賽跑看SWOT分析

第四次龜兔賽跑的故事告訴我們「合作」非常重要,很多的機會跟威脅會隨著合作而來,很多的強處跟弱處也是從合作中產生。接下來將結合情場例子和龜兔賽跑的故事,來思考其中的應對策略。

第一次龜兔賽跑:例如校園舉辦一場舞會,得知心儀對象會參加,這是一個機會(Opportunity),但又出現了一個威脅(Threat),因為校草也會去。其貌不揚但數學表現優異的龜龜該怎麼辦呢?勢必要取得機會,避開威脅,才有辦法Do the Right Thing。

第二次龜兔賽跑:龜龜必須衡量自己的強處(Strength),他的數學表現不錯,但也許相貌是他的弱處(Weakness),此時要能Do things right。

第三次龜兔賽跑:如果這場舞會比的是顏值,有些朋友就會坦白地勸龜龜不要參加了,因為不可能有機會吸引心儀對象的注意。所以,若龜龜想要贏得青睞,就要改變遊戲規則(Change),學習Do the right thing right。

每一個人都有強處跟弱處,在生活中也都會遇到機會跟威脅,建議可畫一個四宮格來分析,當強處跟機會碰在一起時,如何運用槓桿策略讓長處發揮到最好。

第四次龜兔賽跑:第四次龜兔賽跑告訴我們要Do the

right thing right with right persons。情場上也是一樣,在校園裡與同系的人交往叫做強連結,因為兩人認識的老師、同學都一樣,活動範圍跟話題也差不多;但如果是和不同科系的人交往,就稱作弱連結,例如資管系與外文系的同學談戀愛,白天可以聊莎士比亞,晚上可以聊資料庫,也可以透過彼此去認識外系的同學。

這就是第四次龜兔賽跑告訴我們要學會跟別人合作,合作才能產生新的機會跟威脅,以及新的強處跟弱處。

SWOT 分析

	機會與威脅	
	Opportunity ● 機會:學校舞會,心儀對象也參加 ● 機會…	**Threat** ● 威脅:舞會比小龜帥與美的人也參加 ● 威脅…
強處與弱處 **Strength** ● 優勢:小龜功課很好 ● 優勢…	**槓桿策略SO** 優勢遇到機會	**限制策略ST** 優勢遇到威脅
Weakness ● 劣勢:小龜長得普通 ● 劣勢…	**遮蔽策略WO** 弱勢遇到機會	**多元策略WT** 弱勢遇到威脅

根據上述例子，以下來做個SWOT分析：

強處＋機會（SO：Strength＋Opportunity）：龜龜功課好＋舞會是一個機會（槓桿策略）。

什麼叫做槓桿？就是把強處放大，龜龜可以建議主辦單位，在舞會中玩一場猜謎解題的數學遊戲，以增加舞會的趣味性，擅長數學的龜龜就有機會從中脫穎而出，成為舞會中的焦點。

弱處＋機會（WO：Weakness＋Opportunity)：龜龜相貌不出色＋舞會是一個機會（遮蔽策略）。

要如何遮蔽龜龜的弱處？也許可建議主辦單位辦一場化妝舞會，大家戴著面具或畫特殊妝容，就不易看見原來的面貌了，這是所謂的遮蔽策略。

強處＋威脅（ST：Strength＋Threat）：龜龜功課好＋遇到受歡迎的校草（限制策略）。

假設這位校草成績表現普通，龜龜就可以跟主辦單位建議，來辦一場以考試成績為門檻的舞會，獎勵成績得A的人來參加，若成績不好就請好好加油，下次再來。這樣就比較有機會排除校草參與。

弱處＋威脅（WT：Weakness＋Threat）：龜龜相貌不出色＋遇到受歡迎的校草（多元策略）。

此時就要運用多元策略，如果心儀對象也苦於不知如

何學好數學，數學表現優異的龜龜可設法成立一個「把數學學好」的社團，入社條件可為心儀對象量身訂做，並積極邀約對方來試試看，如此就比參加舞會來得有勝算，這是窮則變、變則通的策略。

弱連結與強連結

與誰合作？

首先要思考的是跟誰合作？合作的對象是要找「強連結」，還是「弱連結」？像同一校系的同學是強連結，其他校系或不認識的人就是弱連結。一般來說，會建議跟「弱連結」合作，因為很多機會是從弱連結延伸而來的。

三度影響

哈佛大學社會系教授研究發現，網際網路上有所謂的「三度影響」。例如當你的好友，或好友的好友，甚至是好友的好友的好友變胖了，你變胖的機率就會比一般人高。換句話說，當你臉書上的好友體型比較豐腴，你變胖的機會就比較高，因為你可能常在臉書上看到他的貼文，久而久之，你會認同他的體型或飲食習慣。這位教授的研究還發現，在臉書上不僅胖會「傳染」，甚至連結婚、離婚、騎自行車、買房賣房等行為也會傳染，當你的好朋友貼了正向的文章，你變

正向的機率也會提高，甚至你閨蜜的姐姐的同事變胖了，你變胖的機率也會開始提高。

最近還有一個研究發現，如果你想交男（女）朋友，盡量不要參加閨蜜辦的活動，因為這屬於強連結，彼此認識的人大概都差不多。你可以參加「閨蜜的朋友」辦的活動，如此較能認識更多不同領域的人，能增強所謂的弱連結。弱連結能帶來較多的機會和威脅，進而改變你的強處跟弱處。

結構洞

社會資本學裡有所謂的「結構洞」，就是把弱連結變成強連結的地方。在現今社會裡，除了本身的強連結之外，是否有機會可透過一些結構洞去認識弱連結？舉個例子，美國研究發現，華人在美國居住一百年以後，社經地位比其他種族的人提升得更快，為什麼呢？因為第一代的華人會把孩子送到名校大學，名校大學就是一個結構洞，是把弱連結變成強連結的地方。如果華人永遠住在中國城，一百年之後，華人在美國的社經地位是不太會改變的。這些孩子在美國名校畢業後，大多不搬回中國城，而在美國人的社區開始居住下來，這些弱連結讓他們產生很多機會和威脅，進而產生新的強處跟弱處，也因此提升了他們的社經地位。

結構洞改變所帶來的結果，不一定都是好的，但是會帶

來一些變化。例如，孟加拉的銀行家尤努斯在推廣窮人銀行時，有人建議應該要靠政府的文宣，但尤努斯不願意，他覺得身為非營利組織如果還透過政府或商業廣告來做窮人銀行的宣傳，社會觀感不太好。有人建議應該找結構洞，尤努斯便開始在二十五個鄉村，也就是讓弱連結變強連結的地方，請老師、里長、村長等人宣傳窮人銀行的理念。宣傳過程中所帶來的結果好壞不一，其中一個比較好的結果是這些老師的學生群裡有一個重要人士，尤努斯透過這個結構洞，再去認識更多重要人士，於是就把窮人銀行的理念傳遞出去了。

最小知識點

我常鼓勵學生要多看書，但是「學海無涯，回頭是岸」，書看不完，演講也聽不完，要懂得「回頭是岸」。當我們學到任何知識，一定要在筆記本上寫下「最小知識點」，也就是要思考在這門課或這本書裡學到了什麼？可能寫下來的只有幾個字，但是值得謹記一輩子。

我們也可用龜兔的四次賽跑來談「最小知識點」：

先見之明（Run Strategy）

第一次龜兔賽跑告訴我們，先見之明非常重要，要能看到機會，避開威脅。

核心能力（Block Strategy）

第二次龜兔賽跑告訴我們，核心能力非常重要，要明白自己的強處跟弱處，努力發揮強處。

改變規則（Change Strategy）

第三次龜兔賽跑告訴我們，改變非常重要，要突破現狀，找到一個利於發揮自己強處跟機會的遊戲規則。

生態系統（Team Strategy）

第四次龜兔賽跑告訴我們，透過弱連結才容易遇到更多的機會跟威脅，當我們達到「智者不惑」、「仁者不憂」的境界，才能以「勇者不懼」的態度去創造NPO。

策略的本質

為什麼要有策略？因為資源有限、時間有限，無法什麼事都去做，也不能覺得很有道理就去做。

策略就是一個取捨，如果龜龜覺得參加舞會真的沒勝算，那就必須作取捨，或許不參加舞會而去成立社團，在追求心儀對象上更有優勢。

策略的底層邏輯又是什麼呢？就是SWOT分析，把強處、弱處、機會、威脅媒合比對之後，就較能充分地發揮強

處、避免威脅、抓到機會。

再者,策略是透過規劃而產生的?還是浮現出來的呢?很多人會認為策略需要經過規劃,但是在NPO營運的過程中,會有很多浮現的策略,這些通常是藉由結構洞、透過弱連結而產生。經營NPO要勇於面對變動,改變不見得會更好,但一定會不一樣,To be 跟 To do 也會因為改變而不一樣!

NPO 管理小語

學會跟別人合作,才能產生新的機會跟威脅,以及新的強處跟弱處。

—— 盧希鵬

NPO 之戀語錄

在與 NPO 戀愛時,你願意為它做什麼改變?

◆ 變得更積極主動,鞏固強連結,提升弱連結,尋覓結構洞,讓自己變得與眾不同,爭取更多人脈資源。

◆ 客觀分析自己的優劣勢,掌握機會與避開威脅,透過合作及改變遊戲規則,試圖為自己創造優勢。

◆ 改變交友模式,勇敢跨出舒適圈,多接觸弱連結,讓生命變得更豐富多元。

Chapter 10　情場如戰場｜NPO行銷策略

善用自身優勢，與他人合作，找到結構洞，強化弱連結，是在眾星匯集的NPO中脫穎而出的關鍵。

Chapter 11

NPO永續經營與轉型

永恆之愛

NPO 之戀領航員

李懋華

好心肝基金會醫療事業發展執行長

李懋華教授為現任肝病防治學術基金會、好心肝基金會醫療事業發展執行長，曾任職國家醫藥衛生NPO的主管機關，擔任行政院衛生署醫政處副處長、衛生福利部醫療及社福機構管理會執行長多年，並歷任署立臺中／基隆／豐原醫院院長。具有NPO經營的發展經驗，二十多年來擔任財團法人僧伽醫護基金會常務董事，致力照顧出家法師的醫療與健康。近十年來，以豐富的醫政經驗，投入好心肝基金會之醫療事業發展。

專長 │ 醫務管理、肝膽腸胃醫學、抗衰老再生醫學

人生座右銘 │ 磨練自心，謙遜利他，常抱感恩心。

《戀愛座右銘》

當愛情成為親情，小愛成為大愛，留下的便是善的循環。

李懋華

窮則變，變則通

臺灣目前有無數個基金會，可能是某些公共政策及公共利益，政府目前還無法做到，需借助這些機構的力量來實踐。實際上，基於社會需求的多樣性，不論任何國家或多全能的政府，均無法處理所有問題，尤其是公共利益方面，因此，不論臺灣或全球的非營利組織，均呈現出蓬勃發展的現象。

基金會大多致力於以下幾個面向：(1)挑戰政府現有政策之正確性與周延性，並要求改革；(2)從事專業性之研究，提供政府或民間諮詢；(3)直接或間接彌補政府應該提供的服務；(4)基於普遍性或特定性之公共利益，倡議社會改革與希望政府有創新作為。這些基金會除了少數仰賴企業捐款以維持營運外，大多數都得對外請求支援，並將善款運用在具公益目的的活動上。

NPO的生命週期—— 相愛容易相處難

一個有功能、有生命的組織，都會有一個或長或短的生命週期。就如同一部機器，舉凡是否保養得宜、出廠品質優劣，都會影響其生命週期；亦如人一生的經歷，有順境也有逆境；又像一條源遠流長的河川，有時激流，有時緩坡。而要面對的課題都包含：如何在逆境或激流時克服困難，走出

平坦之路?

在談NPO如何做到永續經營之前,首先來分析組織經營遭遇困境或經營不善的原因:

一、組織設立的宗旨曲高和寡,導致最後無疾而終。

二、組織成立的使命多年來未曾檢討,已經不符現實需求,亦不知如何改善,這是臺灣很多NPO面臨的問題。

三、有管理權的人員因利益的驅使,背離組織成立的宗旨。尤其當一個NPO的組織愈來愈大,財力愈雄厚、人力資源愈多時,就可能發生這種情形。常見的例子是董事之間、董事與執行者間發生糾紛,甚至對簿公堂,乃至傷及形象。聖嚴法師曾說:「虛空有盡,我願無窮。」我認為管理者可以「願望」無窮,但不應「欲望」無窮。因為,組織運作出現的很多問題都來自於人們的欲望無窮。

四、道德管控失靈。基金會是志願做公益,非只顧追求自身利益。就如證嚴法師說:「不求好緣自然來,強求得惡緣。」

五、運作經費不足。這是多數基金會所面臨的困境,有的甚至還為了求生存及發展,而採取不適當或不符規定的策略。

六、員工績效考核方式不當。有些基金會希望員工去募款,並以此做為主要的考核依據,導致員工心生不滿而離職,徒增組織裡的糾紛。

NPO永續經營之策略──找尋共同興趣

NPO的永續經營應以成為一個具有成效的組織為目標，而不是只為了讓組織存活。要如何確保NPO能永續經營呢？以下列出幾個策略：

設立適當的宗旨、使命及定位

NPO設立的宗旨必須一目了然，能符合多數人的需求和關切方向，才比較容易有長久經營的可能。一些NPO如肝病防治學術基金會、僧伽醫護基金會、好心肝基金會、陽光基金會等，其宗旨均與慢性疾病照護、弱勢族群關懷或宗教團體服務有關，符合較多數人的需求。

要有卓越的經營管理者

卓越的NPO經營管理者必須無私，且具有敏感度，能因應社會環境變化適時調整經營的策略，以符合社會期待。敏感度是天生的嗎？其實也可經由後天訓練培養而成，要保持對周遭人事物的觀察、敏銳與感動，因為他人無心的一句話，很可能就是我們一輩子的座右銘，這是培養敏感度一個很好的方式。

經營管理者要能時時自我檢視是否偏離了設立之初衷，要stop and watch（停下來，看一下），為什麼呢？我們在持

續努力往前衝的過程中,很容易在順遂時輕忽問題之所在,所以要記得停下來思考一下,看看周遭的反應如何?評價怎麼樣?有沒有影響其他人或團體?我們不盡然能做得到曾子所說的:「吾日三省吾身。」但至少每隔一段時間就應提醒自己stop and watch!

確保穩定的財務狀況(捐款及自籌)及外部資源連結

讓基金會有穩定的財務狀況是非常重要的,大部分的基金會都需要仰賴捐款,所以除了必須有固定的外部資源連結,同時也要能自行開拓財源,以利永續經營。

招募優秀且具使命感的員工,提供員工學習成長的機會

基金會應盡可能提供多樣性的服務,讓員工能從中學習成長,包括專業服務、諮詢、企劃、文宣編輯、媒體、公關等,要能「感性招人,理性留人」,如此才能留住人力。

另外,我看過某些具有成效的NPO,會利用徵求補助之計畫書,提供員工成長的機會。每位承辦員工一年可能會接到二、三十個申請計畫,他們要研讀計畫書,或去現場出差、實地聽簡報,回來之後整理重點並提出來討論,檢討是否獲得核准補助,執行之後也要進行追蹤。每位員工可以透過這些計畫方案,學習不同的經營事務能力,這不但是員工的成

長機會，也是一種在職訓練。

NPO轉型之策略── 結合志同道合的朋友

每個基金會都希望能達成當初設立的宗旨目標，更希望能夠永續經營下去，但如果成效不好，就應該想辦法轉型。

若基金會一開始是承接別人提供的資源，要如何將資源化被動為主動？獲得捐款時，首先要善用款項並做出成效，呈現出公認的品質，務必做到這個社會需要我，這個任務非我來做不可；再來，是可以做到雙方互利，彼此互助。

轉型的業務最好能跟原來的組織宗旨相近，並能因應社會需求的變化。再者，轉型不只是增加不同的服務項目而已，還可以考慮組織角色的轉換、適應環境需求的策略改變，以及服務思維的轉變。

由「使用社會資源者」成為「具社會價值需要者」

舉例①：肝病防治學術基金會走遍全台各鄉鎮進行肝病篩檢，所累積而成的結果報告具全面性及高品質，已成為政府推動肝病防治最重要的參考資訊，是社會價值之所需。

舉例②：佛教僧伽醫護基金會的服務內容，從一開始幫助貧困出家人繳納健保費，到後來擴展至就醫協助及經濟救助，目前已是出家法師有就醫及經費困難時的首要求助組織。

由「單一服務」成為「專業服務」的品牌

舉例①：僧伽醫護基金會成立之初本在幫助貧窮的出家人繳健保費，目前已成為全方位的健康照護者。民國九十一年時，我寫了一本《臺灣僧伽健康白皮書》，從一千多位出家人的健檢資料，整理出十大健康警訊，並與衛生福利部國民健康署的國民健康資料做比對，做為後續推動僧伽健康照護策略的參考。我同時在署立基隆醫院成立了全台唯一的照護出家人之特別門診，因為我了解出家人的作息特性，如過午不食等，故成立此特別門診並親自看診，希望能快速照護出家人的健康。

舉例②：肝病防治學術基金會在各地的肝病篩檢活動，已成為地方政府配合中央擴大推動B、C肝炎防治工作的重要助力。由於政府認可肝基會的公信力，各縣市政府亦多所合作，才能有效推動國家政策，現在肝基會儼然成為專業肝病服務的品牌。

與合作組織由「資源的需求者」成為「互利者」

例如肝病防治學術基金會與7-ELEVEN統一超商合作，一年可以募得數千萬的零錢捐款。肝基會除了在全國各地偏鄉弱勢地區提供免費肝病篩檢服務，也特別在偏鄉的7-ELEVEN門市做肝病篩檢，以擴增其公益形象，雙方成為互利者。

由提供「單一感動服務」成為「管理的標竿」

以連續四年排名第一的全美國最佳醫院「梅約醫院（Mayo Clinic）」為例，其成立宗旨是 "The Needs of the Patient Come First"（病人的需求至上），核心價值（Core Value）則包括：Respect（尊重）、Compassion（慈悲）、Integrity（誠信）、Healing（醫治）、Stewardship（妥善管理）、Teamwork（團隊合作）、Excellence（追求卓越）、Innovation（創新）。

梅約醫院也是一個慈善基金會，所提供的感動服務、醫療水準及醫院管理是全世界各醫院服務學習的標竿，一年來自世界各地的捐款高達三億美金。《向梅約學管理》一書出版後，已成為全球醫院管理者學習的聖經。

由「需要捐助者」成為「具優勢的資源提供者」

NPO不是只有接受捐助而已，在必要的時候，也能提供資源或協助給需要的人。

舉例①：僧伽醫護基金會在COVID-19疫情剛發生時，各醫院都缺乏防疫物資，為了回報二十多年來醫護義工長期對出家人的醫療照護，我們取得部立醫院參與聯合採購招標的廠商電話簿，一家家打電話，優先以一億元左右的臺幣現金買到防疫物資，及時提供給七、八十家醫療院所、五十四

家佛教道場及十個縣市政府防疫單位。在媒體報導之後，捐款湧至，更讓僧伽醫護基金會能繼續協助醫護人員全力防疫。

舉例②：好心肝門診中心的由來，是肝病防治學術基金會基於肝病預防篩檢服務的理念，而成立了「好心肝基金會——好心肝診所」。好心肝門診中心原是肝病的臨床治療機構，因應病人的需求，從單一的臨床科別服務至今，已擴展成為擁有二十四個全科的門診中心。

基金會董事長許金川教授秉持的理念——把每一個病人當自己家人和朋友看待，這可能也是臺灣獨一無二的病人照護模式。

留下善的循環

經過努力之後，會留下什麼？如果是一個成功的基金會，應要繼續實踐未來的宗旨，例如僧伽醫護基金會計畫在 2026 年成立僧伽安養如意苑園區，將來可能會成為臺灣獨特的照護出家法師的模式。

又如肝病防治學術基金會從肝病篩檢服務開始，至今已能提供全方位的疾病治療，且除了醫療以外，還有教學及教育民眾相關醫學常識等服務。目前也正在進行肝癌、肝腫瘤 AI 研究，並已有初步成果。此外，還有糖尿病藥物治療、脂肪肝的臨床試驗研究等。好心肝門診中心「把病人當成朋友」

的理念,或許將來會跟美國的梅約醫院一樣,成為臺灣醫病互動良好的新照護模式。

具備卓越的NPO經營管理者特質非常重要,除上述肝病防治學術基金會許金川董事長外,我以日本經營之聖——稻盛和夫的人生哲學為例,人生皆為自心映照,所以人生的目的是:提升心性,磨練自心,盡心為他,利他就是自利。一個人無論有著怎樣的過去,只要心念改變,都能開拓出輝煌精采的人生。所以,抱利他之心,得利他之事,命運自然會好轉。

人必須謙虛自律,經常抱著感恩心,人格及人品的重要勝於專業能力,人格不高,就不能打動人心。比起說的內容,由誰來說,這點更為重要。機關、團體存在的目的,不只是照顧外部顧客,還要內部顧客擁有幸福的人生(成事與成人、弘法與安僧),要常存感恩之心,戒斷心生傲慢的想法,成就是眾因緣所生,是拜大家之賜,非來得理所當然。

每一段戀情在經歷熱戀與時間的考驗後,終將趨於平淡,此時更需要善用智慧去面對,例如偶爾增添一點小確幸,以逐步昇華感情的品質。對待NPO也是相同的道理,當組織使命達到一定程度的實現之後,必然會遇到轉型的課題,創辦人或經營管理者如何領導改變,以及團隊成員如何配合改變,都將成為影響NPO是否能夠順利轉型的重要關鍵。

NPO 管理小語

不要怕麻煩，如果你怕麻煩，麻煩會永遠跟著你。

—— 李懋華

NPO 之戀語錄

過了熱戀期，如何維持和 NPO 愛的熱度？

◆ 持續不斷參與，回顧參與初心，重燃熱火激情。

◆ 人的一生，有順境，也有逆境，有激流，也有緩坡。不管現在處於哪個階段，都要莫忘初衷！

◆ 常抱感恩心，長存利他心。保初心，展關懷，找出新動力。

Chapter 12

NPO之創新轉型

重燃愛苗的力量

一級戰將樂當首席抬轎人

創新往往源於瞬間的靈感,將之實現則需團隊合作。驍勇善戰的一級戰將轉型為首席抬轎人,與團隊共享成功,是領導藝術的展現。領導者與戰將需調和差異,共創佳績。這樣的合作方能釋放巨大力量,點亮創新之路。

Chapter 12 重燃愛苗的力量 | NPO 之創新轉型

NPO 之戀領航員

粘曉菁

國立臺灣大學兼任助理教授
肝病防治學術基金會執行長

《戀愛座右銘》

愛需要灌溉經營，愛火才能綿延持續。　　粘曉菁

一段維持較長久的戀愛關係，通常會歷經初始的激情和新鮮感，之後熱度可能隨著時間逐漸消退，取而代之的是一種安穩但有時過於平淡的親密，甚至不免覺得「食之無味，棄之可惜」。此時，若不尋找方法來重燃最初的愛火，讓關係再次充滿活力和熱情，常可預見的結果是結束這份情感或開啟另一段愛的篇章。

這種轉變，不僅常見於戀愛關係中，也同樣會發生在非營利組織。NPO在創立之初，大家拋頭顱灑熱血，活力無窮、創意無限，充滿對NPO的理想和完成使命的熱情。但隨著時間推移，這股創新的熱情可能會被日常運營的瑣碎事件和艱鉅挑戰所吞噬。如何重拾初心，重燃愛火，也是NPO能永續經營的挑戰。

重拾初心，擴大舒適圈

在同一個領域待久了，難免會有倦怠感，友人常勉勵我要「永保初心，不忘初衷」。仔細思考，歷經數十年，可能一個NPO裡的人事物都會產生變化，只剩刻在牆上的核心使命那幾個字樣沒變，布滿灰塵的使命，的確需要不時拿起來擦拭省思。

生物的天性本能是打獵、覓食、尋偶，傳宗接代，讓自己的優勢基因得以延續，我們所做的一切就是希望能安穩地

生活在舒適圈中。許多勵志書籍鼓勵大家追求自我成長，走出舒適圈，勇於接受人生挑戰，以淬煉出可貴的人生經歷。但這其實有違自然法則與人類懶惰天性，我們可以再進化上述說法以符合人性，即追求成長也可以不用走出舒適圈，而是要「擴大」我們的舒適圈。

傳統NPO已歷經數十年的時代變化，在傳承開創精神與背負歷史包袱的情況下，「迎變」是永續經營的必經之路，創辦人要發揮智慧協助組織擴大舒適圈，逐步創新求變，不斷尋找新的「戀愛小確幸」來保持其活力。這些「約會小點子」能夠為年長的組織帶來新的視角和能量，就像吃一頓浪漫的燭光晚餐或來一場新奇冒險的旅行，都能為戀愛關係帶來意想不到的活力。

擁抱科技，適時轉型

數位化轉型是提升NPO運營效率的關鍵。例如，在傳統捐款方式之外，同時建立線上捐款平台；使用社交媒體進行宣傳，並結合紙本刊物，呈現線上線下同步行銷；利用數據分析來追蹤及衡量項目成效，使組織能更精準地提供個人化服務。此外，雲端服務能讓資料管理更加安全便捷，員工可以隨時隨地存取所需資訊，提升工作靈活性與效率。然而，並非組織裡的所有部門或員工義工都需要轉型，因為「改變」

會歷經陣痛期，甚至付出或大或小的代價。在舒適圈生活，好好工作安養天年難道不好嗎？為何一定要迎變轉型？這是組織裡的資深員工和義工常有的疑惑。但是有智慧的NPO創辦人們為了組織的成長，不會安於現況、任由辛苦養成的孩子慢慢老化死去，因為那是他們付出極大心血所想成就的使命與志業。

創新轉型之旅

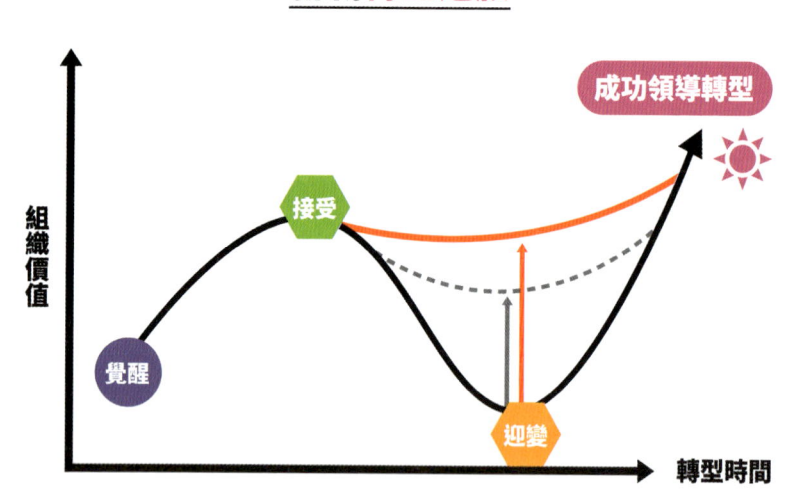

（圖：N型曲線，縱軸為組織價值，橫軸為轉型時間，標示「覺醒」、「接受」、「迎變」、「成功領導轉型」）

綜觀國內外企業組織創新轉型的過程，大致循上圖「N型曲線」的軌跡脈絡而行。NPO的價值會隨著時間而改變，

所謂時勢造英雄,當年被認定為具迫切性、亟待解決的社會重要議題,可能隨著時代變遷,已經部分或全然被解決了。因此,NPO使命縱使再遠大,仍會面臨短、中、長期執行目標與任務的轉變。一般而言,規模愈大的組織愈難改變,一旦發生改變就彷彿地牛瞬間翻身,造成天崩地裂慘況。倘若能慢慢釋放能量,小小地震的搖晃較安全,甚至可適時讓大眾提高警覺。

再者,組織的哪些部門攸關存活,需要率先轉型?哪些只需稍稍重塑?這些都沒有一定的規則,每個組織都有個別差異,需要由領導人凝聚眾人智慧逐一轉型。當年我在哈佛商學院修習著名的數位轉型課程時,很難想像來學習的人幾乎有過半都是科技產業或是技術部門的主管。不禁疑惑,他們都已是全球科技界數一數二的大公司,為什麼其技術部門還需要做數位轉型呢?原來,即使是科技公司,也非所有管理決策與營運行銷層面都可經由智慧數據協助,如同人工智慧並非一步到位,剛開始也需要由人逐一打造而成。

靜觀事態,共生覺醒

靜觀天下事便可知,世間百態有所變亦有所不變。如左圖創新轉型的首要步驟是「覺醒」,領導人或員工義工要觀察組織內部與外在環境的變化,發現問題並一起分析問題的來

源，產生共同的自覺以解決即將面臨的問題，如此才能開啟創新轉型的第一步。

溝通包容，接受挑戰

「溝通」在任何關係的互動中都扮演重要角色，好的溝通可以讓大事化小、小事化無，不良的溝通則會產生不必要的誤會，甚至造成關係惡化。溝通在NPO中更顯其重要性，因為NPO大多都在處理人的問題，需要與支持者、員工、義工和服務對象之間，保持開放且誠實的溝通。溝通的精髓在於「永遠站在對方的角度」去思考問題，考量在對方的能力與背景環境下，什麼是最佳的選擇與做法，用對方可以接受的方式來愛他，愛才能夠長久，溝通才易成功。所謂「人有親疏遠近，事有輕重緩急」，領導人的智慧通常展現在此，要能重點式地逐一溝通，就像管理義工的粽子理論一樣，粽子頭抓好，幾乎就成功了一大半。有效的溝通能讓彼此關係升溫，可幫助組織進一步了解外部環境的變化，並根據這些變化來調整策略，同時也鼓勵內部創新，此時組織的無形價值即開始提升。就像情人間透過坦誠對話，來深化彼此的理解和關係的維繫。

協力創新，快速迎變

組織經過溝通後有所共識，便開始迎變，挑戰在此時才

真正開啟。迎變過程中可能會遭遇許多困難，並消耗組織的能量，「成長是痛苦的」這句話一點也沒錯，不管大小形式的成功轉型，都是眾人血淚累積而成的。在外界看來，迎變的初始階段彷彿會讓組織的價值降低，這是必經的艱辛歷程，就像涅槃重生，而轉型成功的快慢程度，則考驗著一位優秀領導人解決問題的智慧。以下幾個重要技巧可以加速組織迎變：

正向溝通

在解決問題的過程中遇到阻礙時，需要持續積極地做有效的正向溝通，才能優化解決問題的方案。

適度授權

組織內權責的劃分與授權頗具難度，向來是一門藝術。如果授權不當，一下子賦予部屬過大權責，超乎他能力或專長所及，反而容易延緩組織解決問題的進度，甚至惡化問題程度；反之，若不予授權，在組織擴編茁壯的同時，領導人往往無法如過往一樣平行式管理，易產生決策緩慢、組織衰退、人才流失的窘境。

提升能力

沒有一個人才是滿分的，就像沒有一個情人是十全十美

的，因此在組織成長的過程中，成員必須定期接受不同能力的提升，才能順應組織成長的改變。鼓勵組織員工及義工進修專業課程，派遣合適的人才學習科技新知，是加速組織轉型的重要人力資源規劃。

適時協助

組織中的一級戰將面對有槍有馬的敵人時，難免在鏖戰過程中因故受傷。此時，可能只要一聲加油，有些人就會受到振奮繼續作戰；但有些人可能傷痕累累，這時領導人需要適度給予身心靈各方面的鼓勵，才能重振士氣，讓他繼續向前努力。所謂「愛要及時」，即使給予同理心的撫慰，也是非常重要的。雖說「事緩則圓」，但面對燃眉之急的戰火，若第一時間沒有做出回應，後面做再多都於事無補，不僅事倍功半，甚至永遠也「圓」不回來。

強化連結

每個NPO都有各自的優勢及強項，所以必須結合四面八方的力量，強化組織內部與外部的溝通，善用義工的智慧和能力，才易達到多贏的局面。其中，義工的無私奉獻取決於NPO的使命願景與企劃任務是否足以打動人？他所能奉獻的物資是否為能力所及？所以，努力創造組織成員的被需求感，是重要的連結催化劑。

成就對方

NPO猶如丐幫，幾乎所有的物資皆來自社會善心的挹注，NPO所有成員幾乎都需要開口募資，才能讓組織繼續發展。不像企業主要是靠盈利自給自足，獲利後員工股東可共享物質財富。那麼，NPO到底要賺取什麼呢？答案是「賺功德」！這很難以物質來衡量，因此，工作上的成就感及是否能發揮自己的舞台，對於NPO的成員相對重要，甚至對無給薪的義工來說，這都是讓他們無悔付出的重要原動力。

智慧領導，成功轉型

在創新轉型的過程中，領導人需要有智慧地做決策並給予協助，才能讓組織減輕迎變所歷經的痛苦。如同「創新轉型之旅」圖中的曲線，如何將迎變所產生的痛苦指數，降低成為灰色曲線的程度，甚至能夠達到紅色曲線僅遭受輕微痛苦，在在考驗領導人的高度智慧，唯有成功轉型才能創造組織更大的價值。

肝病防治學術基金會曾受邀至歐洲國際公共衛生論壇，向各國分享臺灣肝病防治的寶貴經驗，希望提供其他國家做疾病防治的參考典範。然而，肝基會即使有如此成功的肝病防治經驗，仍須因應時代變遷而做適度轉型。

肝癌在歷經數十年防治後，從國人癌症死因的第一位下

降至第二位,總算可以開心承讓「國病」寶座。肝病防治學術基金會也須逐步轉型,除了原本肝病抽血篩檢服務,透過抽血讓大眾得知是否罹患B、C型肝炎之外,近年來更提供免費腹部超音波檢查,期望透過快速又沒有輻射暴露的超音波,來幫助國人早期發現肝癌並及早治療。

肝癌權威雲端化

肝病權威臺大名譽教授許金川醫師數十年來致力於臺灣肝病防治,在其眾多研究與醫療貢獻中,有一項至今仍被視為肝癌早期發現的標竿,那就是利用腹部超音波檢查以早期發現肝癌。許教授判斷肝癌超音波影像的精湛功力眾所周知,是否能有機會讓他珍貴的臨床經驗藉由科技雲端化而傳承下來?肝基會為此展開肝腫瘤AI的計畫,開啟了肝基會科技轉型的里程碑。

AI自動偵測辨識肝腫瘤?

在充滿創意和愛心的大環境裡,肝基會決定踏上一條不尋常的道路,目標是將一位權威教授畢生致力的肝腫瘤超音波影像專業知識,轉化為一個可以永久保存並廣泛分享的科技產品。這是一個關於肝腫瘤AI的故事,一個由社會大眾的愛心和支持所創造的AI奇蹟。我們希望世界看到,即使是非

營利組織，也能擁抱科技，並且用它來做出真正的改變。

從零到無限：肝腫瘤 AI 的冒險

就像所有偉大的冒險一樣，故事都是從一個簡單的想法開始。一群具備各領域專長的義工，包括醫生、工程師、學者、義工和慷慨的捐贈者，聚集在一起共同創造了一個超音波影像領域中最難研發的肝腫瘤 AI。冒險旅程充滿未知的挑戰，從學習 AI 科技到研究神經網路程式碼，從商學院的創業行銷課程到專利法律的研讀，每一步都是對知識的渴望和對創新的追求。

眾志成城：社會愛心的力量

創新肝腫瘤 AI 的核心是社會的愛心力量。無數義工們捐出他們寶貴的時間、智慧、資源和技術，共同協助這項 AI 產品的誕生。他們的努力最終創造了一個無價的產品，它不僅具有高度實用性，更重要的是，還承載著社會對於改善肝病病友生活的期望和承諾。

未來的希望：肝腫瘤 AI 的影響

這項 AI 產品前途無量，它將協助醫療人員以無輻射且快速的超音波檢查，來篩檢病人的肝腫瘤，即時偵測肝腫瘤位

置,並辨識良惡性。這能幫助緩解被超音波檢查肝腫瘤病人的等待焦慮,並間接減少對昂貴高階檢查的需求,從而降低暴露於輻射的風險及檢查的不便性。這個AI的研發旅程,不僅是技術上的突破,更是一個社會慈善力量的展現。

感恩與榮耀:致敬創新的先驅者們

打造這個AI產品的旅程中所經歷的血淚史,如人飲水,冷暖自知。最終能夠展現成果,要特別感謝參與其中的無數義工們。他們的貢獻是這項創新轉型能夠成功的重要關鍵。同時,更要將此成果的榮耀獻給無數罹患肝癌的病友,因為有你們提供肉身病痛的珍貴肝癌影像,才能打造出這個肝腫瘤AI,以幫助更多肝苦人。

這是一個NPO結合慈善、創新和社會愛心資源的創新轉型實例,它證明了當我們攜手合作時(如同龜兔賽跑的第四次合作),我們能創造出真正有意義的改變,一個非營利組織可以透過創新轉型來實現其使命。

NPO 管理小語

一個人走得快,一個團隊走得遠。

—— 粘曉菁

NPO 之戀語錄

與 NPO 戀愛時,哪些行為會讓人覺得創新且欣喜不已?

- ◆ 無預期的小禮物或小驚喜。
- ◆ 雙方共同的大目標終於達成。
- ◆ 再度共同築夢求得共好,獲取更優質的生活。

Chapter 13

實地參訪NPO的震撼力

愛的實證

開啟白色巨塔的任意門

醫者的「使命」在披上白袍的那一刻就成為「誓言」。這份使命，不僅是對醫術的精進、對病患的救治，更是一份對心靈的療癒與渡化。身為醫者，更希望以行動開啟白色巨塔的另一扇門，凝聚社會慈善資源，不僅守護個體健康，更要解決社會公益議題，共創眾人健康福祉，讓醫療與社會慈善力量接軌，共同譜寫健康與幸福的新篇章。

Chapter 13 愛的實證 I 實地參訪 NPO 的震撼力

NPO 之戀領航員

粘曉菁

國立臺灣大學兼任助理教授
肝病防治學術基金會執行長

《戀愛座右銘》
實際參與投入，才能感受愛的熱情。　　　粘曉菁

249

在資訊發達的年代，當我們遭遇任何問題，若想求得解方，只要上網查找或是請教身旁貴人的指點，幾乎都可獲得九成以上的答案。但是知道答案跟實際看到、聽到、感受到，卻可能產生截然不同的結果。就像戀愛或NPO運作中遇到困境或有經營問題時，除了文獻資料，亦可多參照別人怎麼做，將有助於提升經驗值。因此，多多實地參訪成功的非營利組織，有助於對NPO領域的認識與了解。

NPO團隊合作的祕訣

成功NPO的營運，通常需要成功的團隊合作。當一群人開始共同執行任務，若能掌握以下五個重要的團隊合作祕訣，將可事半功倍，提升成效。

凝聚共識，目標一致

針對一個問題，每個部門及成員都會有不同角度的看法，這時需持著開放的胸襟，提供大家一起討論問題的機會，接著再做問題的分析與收斂，最後才能聚焦問題、凝聚共識，有效率地解決問題。例如，當今社會議題相當多元，縱使是同樣的社會議題，也有許多不同的關注角度，因此在參與NPO發展的過程中，必須廣聽建言，方能討論出此刻NPO所要執行的企劃案，及其優先順序。

執行任務,展現成果

在每一個執行項目中,各個團隊成員都有明確的責任和期望。尤其在展現成果的步驟,需要多次練習,譬如遇到難能可貴的募款對象,如果跟他對話的時間只有等電梯及搭電梯的五分鐘空檔,就要能在簡短三分鐘內將自己的想法與企劃案的精髓清楚表達,並感動對方讓他成為追隨者。這需要反覆練習各種表達能力,才能提高成功的機會,如此高度執行力的展現,除了可讓團隊看到具體成就,亦能鼓舞、驅動團隊繼續前進。

分工明確,相輔相成

每個人都在自己最擅長的領域發揮作用,這樣的分工能讓活動順利進行。但不容忽視的是,團隊的相輔相成具有加乘力量,其精神即1加1遠大於2。因此在大部分的NPO中常可見一個現象:組織成員不多,但這些成員通常身懷十八般武藝,彼此又能在工作上互補遞位、協助對方。

分享資源,不斷精進

在組織中,資源的共享可以是知識交流,也可以是技能培訓,更珍貴的是人脈交流。藉由人脈互通資源,將內外部緊密結合,可使組織在本身強項專長外,還能像海綿一樣不

斷吸收他人的長才,持續精進。

正向溝通,彼此鼓勵

正向溝通對於維持團隊士氣至關重要。管理層的鼓勵和認可可以提升員工的工作滿意度和忠誠度,這對組織維持長遠成功來說是不可或缺的。面對困境,我們從小被教導要先找出問題,但鮮少學習到如何以團隊的力量解決問題。其實,同樣要達成一個目標,散發正能量的團隊通常較能有效率地完成任務。在團隊中進行正向溝通時,「說好話」較容易讓意見被接受,縱使剛開始說的是假好話,但說久了也就成為真話。

實地參訪成功的NPO

根據統計,透過實地參訪NPO,可以讓原本有意願了解NPO的人,在參訪後對於NPO的正向認同度高達九成以上,甚至有近三成的人因此想成為義工,投入NPO的慈善助人行列。

實地參訪NPO,除了能了解整個非營利組織的硬體與人員運作,還可以透過NPO創立時的靈魂人物及義工們現身說法,讓尚未深入了解或未曾接觸NPO的人產生更具臨場感的感召力。

NPO的靈魂人物親自闡述如何與組織結緣的過程,可以讓人更加了解創立時期所遭遇的難處與問題,且明白NPO使

命建立的緣由。聽聞現場義工分享服務經驗,則最能鼓舞人心,可讓人反思自己是否也能善用專長,貢獻己力回饋社會。

一般人與NPO結緣的契機,通常是自己或身旁親友遭遇嚴重問題時,卻無法從官方及適合管道獲得所需協助。例如,自身為肝癌或猛爆性肝炎從鬼門關走過的病友,或是鄰居有同樣遭遇,乃至整個家族都罹患肝病或肝癌,他們活在擔心自己會不會成為下一個肝癌病人的恐懼中,因而求助於肝基會。認識肝基會後,可能成為偏鄉肝病篩檢義工、募集統一發票及兌獎義工、攝影義工、門診服務義工,或為肝病演講現身說法等等,他們運用一己長才幫助NPO發展,讓這個世界因為眾人的付出而更加美麗。

NPO 管理小語

做正向溝通,提供共事者發揮長才的舞台,當個快樂拍手鼓掌的領導人。

—— 粘曉菁

NPO 之戀語錄

和 NPO 談戀愛時,首要必備的條件是什麼?

◆ 第一眼看得順眼,第二眼內心充滿悸動。
◆ 天時地利人和,東風亦來,世事無巧不成書。
◆ 可以共創無限可能的美好未來。

Chapter 14

NPO 情投意合，共好共榮

愛的結晶

NPO 之戀領航員

李靜芳

遠東集團綜效暨零售規劃總部執行長
遠東巨城購物中心董事長

李靜芳董事長被譽為「數字的魔法師」，擁有美國會計師資格，歷練過營建、會計顧問、科技電信及零售服務等產業。曾參與遠傳開台、合併和信電訊、主導併購全虹通信，並讓倒閉荒廢三年的數萬坪購物中心華麗轉身，在第四年即成為全臺營業額達上百億的無精品購物商場，重寫臺灣零售歷史。在追求賣場營業額成長、管理精益求精的同時，她亦帶領遠東巨城團隊勇於創新，成為全臺第一個把購物中心變成「共好共榮公益平台」的零售企業，獲得國內外無數獎項肯定，其個人更於2024年獲得亞洲企業社會責任獎（AREA）頒贈「負責任企業領袖獎」的表彰殊榮。

專長｜ 零售規劃、投資開發、經營策略與創新、企業併購與整合、數位轉型、會員經濟

《戀愛座右銘》
凝聚感動，為愛持續付出！　　　　　　　　李靜芳

童話故事裡眾所熟知的美麗結局通常是：從此王子與公主過著幸福快樂的生活……。其實，後面的「……」才是真實世界會接著發生的故事，就像結婚時一定會選好對象、選好日子，但日後是否幸福快樂，這才是生活真正考驗的開始。尤其許多人婚後有了愛的結晶，或面對柴米油鹽醬醋茶等大小瑣事，彼此容易產生摩擦而損耗了愛的感覺。愛情需要持續付出、共同經營，沒有任何一個白頭偕老的愛情故事，是一拍即合、唾手可得的。

同樣地，NPO成立之後，若無法善用經營管理技巧與智慧，凝聚團隊向心力共同合作，並不斷吸引同理念的外部追隨者出錢出力，組織將難以持續，無法推動創建時的使命，更談不上永續經營。在當今詭譎多變的時代，企業努力「尋求營利追求市占」之時，如何能在「落實社會責任」與「追求環境永續」三大面向之間取得平衡，更是一門與時俱進的功課。

橋接愛與善的平台

回首當年我臨危受命，帶著團隊把堆滿垃圾、滿目瘡痍的「風城」廢墟，打造成為一個人潮流量極高的賣場，雖然這個歷程有趣且帶來成就感，卻也是一段篳路藍縷的旅程。如今，遠東巨城購物中心逐漸成長，不但是全台打卡數最高的購物商場，更成為「新竹人的後花園」。一有機會，我自己很

喜歡去中庭戶外大廣場，看年輕人盡情練舞、大小朋友嘻笑玩耍、情侶談情說愛、外傭或家人推著長者讓暖陽輕撫，或與毛小孩一起曬日光浴……眼前一幕幕美好的跨世代畫面，也常讓我反思：在滿足企業盈利的前提下，我是否還可以讓這個商場更充滿「人的溫度」？我能否帶領巨城購物中心成為橋接愛與善的平台，擔負起跨世代傳承的社會責任，進一步與非營利組織緊密結合呢？

暖實力實踐共享、共融、共好理念

於是我帶著團隊開始設定目標，不但要讓賣場逐年創高盈利，更要具有「暖實力」。遠東巨城所在之處是一個能吸客、聚客的場域，若能再善用資源整合、國際舞台、強大社群吸引力的優勢，帶著「共享、共融、共好」的理念，一定能兼具企業盈利及凝聚公益的能量，成為社會推動公益的好夥伴。在這樣的思維下，我與巨城團隊，立志落實「要把員工廠商當寶貝，把合作單位當好友，把顧客鄉親當家人對待」的想法，因為，唯有從心而出的溫暖關懷才禁得起考驗，有朝一日才能累積為「暖實力」，吸引更多同樣具有暖實力的組織或貴人們一起來 do something good！

培植深耕在地藝術文化

歷經十多年的努力，遠東巨城已與當地社區緊密連結，從提升生活品質、健康服務、文化藝術、全齡教育到對社會關懷、扶植弱勢、培育人才，巨城都不曾缺席，已然成為媒合橋接愛與慈善的公益平台。我們協助募集資源並提供贊助，每年舉辦數百場公益活動，讓營利的商場也能天天進行慈善公益活動。透過市集展售、藝文學習表演、實習體驗發表等多元形式，集結了許多非營利組織慈善的力量，共同以行動幫助弱勢、解決多元族群及文化藝術傳承的問題與需求。

培植在地藝術文化與深耕世代共好價值，這是一個難度極高且不容易衡量成果與計算回饋的長期工程，它需要群策群力，凝聚多方資源與熱情才能逐步築夢打造。首先，我們突破萬難創辦年度「街頭藝術節」，疫情期間仍堅持不間斷並加碼獎金，希望為這些受疫情影響而生活變得拮据的街頭藝人注入一股暖流，也讓賣場人流給予他們掌聲，如今，「巨城街頭藝術節」已成為臺灣各世代街藝人才每年必須朝聖的重頭戲，更是他們與國際大師、好手們學習競技的平台。再者，巨城還首創臺灣第一個跨世代專屬的交流公益空間──「BBC三合院」(Baby Boomers Club)，我們與社團法人國際社會福利協會中華民國總會合作，讓不同的年輕社企團隊能

在優質安全的場域裡，帶著退休銀髮族重拾夢想，BBC每年舉辦超過百場的咖啡師、攝影課、健康保健、詞曲創作等課程，已陪伴數千位樂齡長者開創精采的第二人生，實踐不老精神！每逢歲末的「老派時尚成果展」，在台下看著四代同堂中高齡近百的長輩們走時裝秀，家人們在紅毯兩邊為長者們吶喊加油、帶著相機捕捉倩影，時光就彷彿停留在他們人生最精采燦爛的那一刻，滿溢的幸福氛圍令人動容。

創建慈善共好平台

此外，身為本土企業更希望能為本土常見的病症——肝病盡一份心力，因此我們與保肝NPO龍頭「肝病防治學術基金會」攜手合作，並結合當地社會慈善資源，在購物商場內舉辦免費抽血肝病篩檢與健康講座等保肝活動，協力推動肝病防治，協助把關民眾的健康。在扶植弱勢方面，遠東巨城連續多年舉辦「馨生人」及更生人展售會，規模愈來愈大，不僅讓他們的研製產品曝光以增進銷售，穩定地為家庭帶來收入，更重要的是，希望透過這個以慈善為出發點的共好平台，促進社會間的包容與和諧。

大型購物中心的服務項目愈來愈包羅萬象且多元多變，企業需存活並持續成長的現實，是每位企業領導人的重要任務。然而，在不斷提升盈利與貢獻社會經濟之時，遠東巨城

更以行動力擔起社會責任，致力推廣藝文風氣及傳遞世代價值，為跨世代情感交流搭起橋梁並記錄美好記憶，成為獨特的公益平台，希望為社會創造無價的正向影響力。感謝一路走來給予信任與支持的貴人們、無數NPO組織與夥伴們，因為有這些力量，巨城美好的故事未完待續，善良的幼苗得以繼續茁壯，慈善的搖籃也將持續發光發熱。

企業與NPO合作加成力量

根據2023年KPMG（全球安侯建業會計師事務所）發布的《零售業的微妙平衡》調查報告，零售服務業應關注「3Ps」要素：社會責任與人類福祉（People）、環境永續（Planet）、企業盈利（Profit）。該報告指出企業必須思考如何在這三大面向之間取得平衡，以追求永續發展。而企業在落實社會責任時，可經由與NPO合作，逐步觀察與體悟，這個做法除了可加強效率與效能之外，企業與NPO一起加乘的力量將更為強大。

一路走來，領導營利企業扛起社會企業共創社會慈善，KPMG這份報告僅道出我部分的心聲，因報告中尚未陳述一個重要的核心價值與理念：公益不是利益的引子，公益是利益的延伸與分享，善良企業需與對的NPO結合，共創社會經濟與慈善的加乘力量才會更為強大。然而十多年前，沒有這些調查報告也無前例，更不知道實體賣場能與哪些NPO

合作,而他們的慈善定位又在哪裡?但是,只要企業堅持做對的事且不間斷堅持地做,彷彿就會有股魔力,吸引更多對的人與組織加入我們,攜手邁向對的方向。最終的回饋,不但溫暖了別人,更溫暖了自己與所有一起行動的夥伴們。

共創社會經濟與慈善,力量更強大

不論是企業或個人,在與非營利組織接觸的過程,都像極了不同階段的戀愛,宛如「NPO之戀三部曲」。初次接觸陌生社會議題的非營利組織,通常心中無感,難以與之產生連結;當勇敢跨出,與有興趣並且志同道合的非營利組織交流之後,開始有了怦然心動想要多了解的感覺;最後,更深入了解非營利組織理念並認同其使命後,就會願意為該組織奉獻,包括金錢、物資、智慧、人脈等資源。企業與NPO若要順利一同走過戀愛三部曲,過程中需要雙方的良善溝通互動與角色釐清,才能創造出既符合企業目標、又達到公益價值的合作關係,讓彼此發揮所長創造共好,進而從共融走向共榮的境界。

我期許自己,不只是「數字的魔法師」,更是「善的魔法師」,讓每個角落都能充滿著善心、善念與善行。我衷心相信每個人、每個企業都是一個支點,以此為圓心,向外擴散,一層層推己及人,讓他人的生活因為我們的善念而變得更溫暖、更美好。

NPO 管理小語

全心專注做一件對的事,做自己與別人生命中的天使。

── 李靜芳

NPO 之戀語錄

如何讓 NPO 之戀永無完結篇?

◆ 持續創造更多愛的火花與結晶。
◆ 享受彼此的生活情趣,平淡中時時點綴新奇小熱情。
◆ 欣賞共創成果並包容彼此小缺點,開啟更廣闊且有助愛情升溫的人事時地物,並同步修剪漫長愛情中產生的雜枝,適時斷捨離。

Chapter 14　愛的結晶 ｜ NPO 情投意合，共好共榮

為 NPO 真愛持續付出，將慈善感動力化作養分，為世界帶來更美好的未來。

| 後記 |

《慈善領導力》書冊後記

　　回想過去近四十年的求學生涯，從臺灣、美國、日本乃至挪威的知名學府，我都留下了足跡。最終，我選擇回到起點——臺大醫院，以醫師的身分，持續我對醫學的熱情與使命。

　　本以為職涯軌跡已定，未料一場美麗的際遇，讓我心甘情願地被恩師許金川教授「連拐帶騙」進入一個像是「丐幫」的新世界——肝病防治學術基金會。回想那時的自己，堪稱年少無懼（臺語稱「憨膽」），日本東京大學的教授滿是疑惑，還問我：「為什麼要去基金會當專職醫師呢？在那裡，你能做什麼呢？」我已忘了當時如何回答他，只知道自己真的義無反顧地踏入了這個只有十八個成員的小天地。在這裡，沒有既定的工作內容，只有許教授的一句承諾：「你想做什麼就做什麼，你不想做什麼就不要做什麼！」

　　大約十年前，我有幸以基金會代表名義榮獲哈佛商學院EMBA全額進修獎學金，並赴美完成了著名的「非營利組織經營與管理（Strategic Perspectives in Nonprofit

Management）」課程。這段紮實的學習經歷，讓我眼界大開。原來，我之前在基金會所遭遇的瓶頸與困境，早已是全世界非營利組織所面臨的常態性挑戰，而因應的解決方案，也早有多種選擇。這是我第一次有系統地學習到如何經營與管理一個非營利組織。

回國後，我受邀至臺灣大學開設「非營利組織經營與管理（NPO之戀）」通識課程。這門課程，首創以戀愛視角切入，並結合非營利組織經營與管理的理論，與我十多年來的本土化實務經驗。希望這個創新嘗試能將我與NPO相識相戀的實戰過程，系統化地分享給所有優秀的千里馬，讓他們學習到如何在以慈善為核心的使命下，善用企業管理的理論與技術，讓那些願意挹注你、助你一臂之力的伯樂，在茫茫人海中，一眼就能看見你。

在此，我也要深深感謝栽培我的伯樂——許金川教授。謝謝您，不僅是因為您的教導，更因為您那獨具慧眼的選擇。

《慈善領導力》的珍貴之處，不僅在於它是臺灣第一本NPO本土化實務經驗的懇切分享，更在於過程中所展現的社會慈善力量。從課程審核、設計、講師邀請、執行，乃至發行成書，每一步都是由社會各界的愛心集結而成。當年在臺大授課時，第一堂課我的著裝極為正式，深怕學生誤以為是哪位大姊姊走錯教室。為了讓課程更充實，學期間我特別

邀請多位學養豐厚的專家學者來講課,還記得政治大學吳靜吉教授第一次見到我時,他半開玩笑地說:「要不是今天親眼見你,我還以為台上的老師是一位年邁的長者,不然怎麼能號召陣容這麼堅強的師資助教團隊!你看來是擁有20歲的天真、40歲的天賦、60歲的靈魂⋯⋯」這段話也深深鼓動了我,要持續保有天真,善用天賦,並穩重地朝目標堅持下去。

衷心期盼《慈善領導力》能傳遞寶貴的知識經驗和實務技巧,讓有心加入NPO的千里馬和伯樂學到如何在慈善的核心力量下,相知、相遇、相惜。即使最終道不同而分離,也能理解彼此的難處,帶著感激和祝福。

| 誌謝 |

　　當年授課之初，我要感謝臺大護理系陳佳慧教授的引薦、臺大社工系名譽教授馮燕教授的指導，還有臺大通識主任吳俊傑院長、臺大副校長丁詩同教授及臺大醫學院簡淑娟副理，協助我完成繁瑣的行政程序。臺大管理學院前院長柯承恩教授、臺大名譽教授許金川教授及臺大領導學程主任曾雪峰教授，提供課程多元化設計的指導，讓這門課程得以順利開設，能造福許多優秀學子。

　　更要感謝授課含金量直逼天花板的師資助教群：許金川教授、柯承恩教授、李懋華教授、陳威仁部長、李賢源教授、盧希鵬教授、張舒眉董事長、蔡榮騰副總裁、劉震紳總經理、李靜芳董事長、張嘉芳副理、林家安社工師，因為有你們一同參與慈善播種，得以讓更多人認識非營利組織，更啟動他們投入NPO行列的善念。

　　並感恩參與此慈善播種善舉的基金會同仁與義工們：楊培銘教授、黃婉瓊執行總監、蘇玲華首席副總監、謝宛娟副總監、宋文彬董事長、林博義董事長、孫道傑大哥、李麗華

老師、喻禎蘭小姐、黃貴薰副總監、李文君副總監、陳曉萍主任、周紅紅主任、周玲玲顧問、楊培珊教授、蕭國倫教授、高淑芳主任、綦淑倩主任、陳淑卿副總編輯、蕭雅純專員、呂懿婷副主任、王志文小姐、鄭惠文小姐、江怡青小姐與說不盡名字的義工朋友們。謝謝你們的鼎力支援與慈善付出，讓我們一起培育了更多慈善的種苗。

此書得以出版，我要感謝異父異母的姊姊李靜芳董事長，她無意中的一次活動安排，讓我有幸結識了有鹿文化的許悔之社長，並邀請作家黃庭鈺老師擔任特約編輯。在他們的協助下，還有張嘉芳副理、林家安社工師、陳淑卿副總編輯跟著我不分晝夜地趕稿，這本書終於誕生了。另外，感謝林謙和攝影師及施韻如造型師，讓美更提升了一個層次，更感激謝屏翰導演及星期三文化創意公司公益拍攝影片，得以讓此書擴及網絡世界，傳播善的力量。

最後由衷感謝給予基金會及這本書指導與協助的所有親友義工們，感恩有你們的付出，使慈善的力量持續強大，讓這世界因為我們的存在而更加美好。

慈善領導力：
NPO之戀，我與8位智者的魔法召喚術

作者 ————	粘曉菁

圖表繪製 ————	感謝劉震紳總經理公益贊助		
攝影造型 ————	林謙和、施韻如		
本書法律顧問—	許文彬律師		
協力編輯 ————	黃庭鈺	封面設計 ————	謝佳穎
書稿統籌 ————	陳淑卿、張嘉芳、林家安	責任編輯 ————	林煜幃
協力審校 ————	吳妮民、黃靜宜、李宜芸	內頁設計 ————	吳佳璘

發行人兼社長—	許悔之	藝術總監 ————	黃寶萍
總編輯 ————	林煜幃	策略顧問 ————	黃惠美‧郭旭原‧郭思敏
副總編輯 ————	施彥如		郭孟君‧劉冠吟
美術主編 ————	吳佳璘	顧問 ————	施昇輝‧林志隆‧張佳雯
行政專員 ————	陳芃妤	法律顧問 ————	國際通商法律事務所｜邵瓊慧律師

出版 ———— 有鹿文化事業有限公司｜台北市大安區信義路三段106號10樓之4
T. 02-2700-8388｜F. 02-2700-8178｜www.uniqueroute.com
M. service@uniqueroute.com

製版印刷 ———— 沐春行銷創意有限公司

總經銷 ———— 紅螞蟻圖書有限公司｜台北市內湖區舊宗路二段121巷19號
T. 02-2795-3656｜F. 02-2795-4100｜www.e-redant.com

ISBN	978-626-7262-94-8	定價 ————	399元
初版第一次印行—	8000冊：2024年8月17日	版權所有‧翻印必究	

特別感謝：有鹿文化捐助部分售書所得予肝病防治學術基金會

慈善領導力：NPO之戀，我與8位智者的魔法召喚術／粘曉菁 著—初版．—臺北市：有鹿文化，2024.09
272面；（看世界的方法；267）

ISBN 978-626-7262-94-8(平裝) 1.CST: 非營利組織 2.CST: 社會企業 3.CST: 文集　547.9………113010725